Christian Teubner

Gemüse

So schmeckt's noch besser...

Christian Teubner

Gemüse

Ein besonderes Bildkochbuch mit reizvollen Rezepten

GU
Gräfe und Unzer

Inhalt

Inhalt

Ein Wort zuvor

Dieses farbige Bildkochbuch befaßt sich mit einem der interessantesten und auch gesündesten Kapitel der Kochkunst. Jeder erfahrene Koch wird es bestätigen: Mit frischem Gemüse (und nur solches habe ich hier für meine Rezepte verwendet) kann man so richtig kreativ kochen. Bei dem vielfältigen Angebot heutzutage bleiben kaum Wünsche offen, und eben diese Vielfalt macht es uns leicht und schwer zugleich, aus dem Gebotenen das Richtige zu wählen. Mit meinen Tips und Rezept-Ideen will ich Ihnen helfen und zeigen, daß Gemüse durchaus nicht nur Beilage ist, sondern auch als raffiniertes Hauptgericht zubereitet werden kann.

Eine gute Küche soll abwechslungsreich sein – das ist keine neue Erkenntnis –, und Gemüse kann dazu unwahrscheinlich viel beitragen. Schon im alten Ägypten stand die Gartenkultur in Blüte, und Gemüse zählte zu den Hauptnahrungsmitteln; man schätzte zum Beispiel Gurken, Erbsen, Bohnen und Zwiebeln. Auch die Küche im antiken Rom verwendete Gemüse in großer Vielfalt. Apicius widmet in seinem berühmten Kochbuch dem Gemüse einen eigenen Band, in dem sich sogar eine Zubereitung für Farnwurzeln findet. Auch Spargel züchtete man schon im Altertum in der Gegend von Ravenna.

Da die Koch- und Eßkultur weitgehend vom Klima bestimmt wird, hat die italienische Küche allen voran mit einer Vielzahl von Produkten dem Gemüse die gebührende Geltung verschafft. Sie hat wiederum die französische Kochkunst nachhaltig beeinflußt. Schon in der Renaissance hat man in Frankreich den Gemüseanbau sehr gefördert. Auch die Sorten aus der Neuen Welt, wie zum Beispiel Tomaten, Kartoffeln, Paprika, Mais, wurden zuerst in den günstigeren Klimazonen des Mittelmeerraumes heimisch. Die Regionalküchen Asiens dürfen wir nicht vergessen, vor allem die chinesische Küche, die eine wahre Meisterschaft im Umgang mit Gemüse entwickelt hat.

Dennoch war das Gemüse in der abendländischen Kochkunst, speziell in der deutschsprachigen Küche, lange Zeit umstritten. Im gleichen Maß, in dem man es heute bei uns propagiert, wurde es jahrhundertelang vernachlässigt. In der feinen bürgerlichen Küche duldete man Gemüse gerade noch als Beilage. Als Hauptgericht war es, wenn nicht ein ordentliches Stück Fleisch mitkochte, schlicht ein »Arme-Leute-Essen«. Man muß allerdings zugeben, daß die Auswahl an Gemüsesorten in unseren Breiten früher auch begrenzt war.

Heute ist Gemüse außerordentlich populär geworden, und das ist Grund genug, es in der modernen, zeitgemäßen Küche entsprechend zu würdigen. Dieses Bildkochbuch will zeigen, wie vielfältig, abwechslungsreich und köstlich sich frisches Gemüse zubereiten läßt.

Ich habe in meinen Rezepten alle bei uns gängigen und je nach Saison überall frisch erhältlichen Gemüsesorten berücksichtigt, manche weniger bekannten oder besonders beliebten auch in mehreren Vorschlägen. Wissenswertes über die einzelnen Wurzel-, Knollen-, Kohl-, Blattgemüse-, Stengel-, Sprossen-, Frucht- und Zwiebelsorten wurde den Rezepten vorangestellt.

Ich hoffe, daß Sie nun Appetit auf viel frisches, köstliches Gemüse bekommen und dann bestätigen: »So schmeckt's noch besser!«

Ich wünsche Ihnen gutes Gelingen und viel Genuß.

Ihr
Christian Teubner

Praktisches für die Gemüseküche

Immer mehr Menschen schätzen heute Gemüse, nicht nur als feine Beilage, sondern auch als eigenständiges Gericht. In der Rezeptauswahl dieses Bildkochbuches finden Sie beides. Als Anhaltspunkt für die richtige Menge gilt: 200–250 g geputztes Gemüse als Beilage, 250–300 g als Hauptgericht, jeweils pro Person.

Frisches Gemüse ist das beste

In den letzten Jahren ist das Gemüseangebot bei uns viel reichhaltiger geworden. Das ist eine begrüßenswerte Entwicklung, denn frisches, ausgereiftes Freilandgemüse schmeckt einfach am besten. Auch hat man inzwischen erkannt, daß dem Gemüse in unserer Ernährung eine wichtige Rolle zukommt. Es ist reich an Vitaminen, Mineralstoffen, Spurenelementen und Ballaststoffen, auf die unser Körper nicht verzichten kann. Selbst Supermärkte werben mit dem »Frische-Slogan«, und das mit Erfolg. Da gibt es Bohnen nicht nur in der Dose oder als Tiefkühlpackung, sondern auch als frische Ware – auch, wenn sie bei uns keine Saison hat und aus Afrika importiert wurde. Der gesamte Handel hat sich auf das »Frische-Geschäft« eingestellt, und wir haben die Möglichkeit, diese Frische zu nutzen.
Dabei sollten wir aber beachten, daß das Gemüse wirklich knackig frisch ist, wenn wir es kaufen, vielleicht sogar den Anlieferungstag kennen, an dem es ins Einzelhandelsgeschäft kommt. Und wir sollten es zu Hause auch möglichst rasch zubereiten (vor allem Blattgemüse). Nur Kohl- und Wurzelgemüse können ohne größeren Wertverlust einige Tage lagern.

Die Saison kennen und nützen

Das große Angebot an frischem Gemüse läßt uns manchmal vergessen, daß beispielsweise Tomaten im Spätsommer oder Herbst reif an der Staude hängen, denn sie lachen uns das ganze Jahr über von den Gemüseauslagen an. Zu unterscheiden, welche Tomaten wirklich sonnengereift sind und welche aus dem Treibhaus kommen, ist für den Verbraucher fast unmöglich. Es genügt nicht, daß sie rund und rot sind, sie müssen auch aromatisch schmecken. Andererseits kommen aber auch schon im Februar/März Freilandtomaten auf den Markt, nur nicht aus unseren Anbaugebieten und darum entsprechend teuer.
Es ist daher immer noch am sichersten – wie das Beispiel Tomaten zeigt –, den Gemüsemarkt im Preisspiegel zu betrachten. Kaufen Sie Gemüse also nach Möglichkeit, wenn das Angebot groß und der Preis niedrig ist; das ist die beste Garantie, die Saison zu erkennen und Qualität zu bekommen. Ich habe Ihnen im übrigen in der kleinen »Warenkunde« bei den einzelnen Gemüsesorten immer die Hauptsaison genannt.

Eine Mühe, die sich lohnt

Mit frischem Gemüse zu kochen, ist arbeitsintensiver, denn die Vorbereitung mit waschen, putzen, schälen und schneiden kostet Zeit und Mühe; aber es ist eine Mühe, die sich lohnt. Sicher werden Tiefkühlgemüse und manchmal auch Konserven im Küchenalltag nicht ganz zu vermeiden sein, denn man spart mit ihnen Zeit. Doch sie sind kein Ersatz für gutes, frisch zubereitetes Gemüse, vorausgesetzt, daß man es richtig, nämlich schonend zubereitet.
Wenn Wohlgeschmack und Nährwerte erhalten bleiben sollen, darf das Gemüse beim Waschen nicht im Wasser liegen bleiben, es darf erst kurz vor der Zubereitung zerkleinert werden (wenn es eine Weile stehen muß, dann zugedeckt) und vor allem darf es nur so kurz wie nötig gegart werden. Beachten Sie also bitte die in den Rezepten genannten Garzeiten und probieren Sie zwischendurch, denn es kann durchaus sein, daß besonders junges und zartes Gemüse früher fertig ist. Die meisten Gemüsesorten schmecken ohnehin besser, wenn sie noch etwas »Biß« haben.

Erbsen

Erbsen sind in unseren Breiten ein Standardgemüse, und ein sehr nahrhaftes dazu. In den Samen, aber auch in den Hülsen sind Proteine, Mineralien und Kohlenhydrate gespeichert, die alle. Pflanzenkeimlinge für ihre Entwicklung benötigen.
Am schmackhaftesten sind frische grüne Gartenerbsen, auch Palerbsen genannt, die leider von der tiefgefrorenen Konkurrenz fast gänzlich verdrängt worden sind. Doch sie sind heute wieder auf dem Vormarsch und werden im Handel, vor allem auf den Märkten, etwa von Anfang Juni bis Mitte August angeboten.
Die feinsten aus der Erbsenfamilie sind die Zuckerschoten/Zuckererbsen. Bei diesen ganz flachen Schoten mit den kleinen zuckersüßen Samenkernen wird die Hülse mitgegessen. Zuckerschoten schmecken nicht nur sehr delikat, sie brauchen auch nur eine ganz geringe Garzeit.

Erbsenpfanne

Zutaten für 4 Portionen:
600 g frische Erbsen, enthülst gewogen
1 Zwiebel
1 kleine Petersilienwurzel
40 g Butter
¼ l gute Fleischbrühe
¼ Teel. Salz
etwas frisch gemahlener Pfeffer
180 g durchwachsener Räucherspeck
1 gehäufter Eßl. gehackte Petersilie
2 Teel. gehackter Liebstöckel
1 Ei

Zubereitungszeit: 1 Stunde und 10 Minuten

Die frischen Erbsen aus den Hülsen streifen. Je nach Sorte muß man für die Hülsen etwa das gleiche Gewicht rechnen, manchmal auch etwas mehr. Die Zwiebel schälen und feinhacken. Die Petersilienwurzel sorgfältig säubern und ebenfalls feinhacken. Die Butter in einer entsprechend großen Pfanne zerlassen und Zwiebel sowie Petersilienwurzel darin bei Mittelhitze hell anlaufen lassen. Nun die Erbsen hineingeben und 2–3 Minuten dünsten. Dann die Fleischbrühe zugießen. Die Erbsen salzen, pfeffern und bei offener Pfanne und Mittelhitze etwa 15–20 Minuten garen, bis die Flüssigkeit fast verdampft ist.
In der Zwischenzeit den Räucherspeck in feine Streifen schneiden und in einer zweiten Pfanne ganz kurz unter ständigem Wenden anrösten. In die Erbsenpfanne geben, unterrühren und die gehackten Kräuter (Petersilie und Liebstöckel) zugeben. Zum Abschluß das Ei hineinschlagen und die Pfanne sofort vom Herd nehmen. Einige Male durchrühren. Die Hitze ist ausreichend, um das Ei zum Stocken zu bringen.
Mit Salzkartoffeln serviert, ist die Erbsenpfanne ein feines, komplettes Essen. So zubereitete Erbsen passen aber auch sehr gut als Beilage zu Fleischgerichten.

Erbsen mit Käsesauce

Ohne Abbildung

Zutaten für 4 Portionen:
600 g frische Erbsen, enthülst gewogen
¼ l gute Hühnerbrühe
Für die Sauce:
50 g durchwachsener Räucherspeck
⅛ l Sahne · 2 Eigelbe
2 Eßl. gehackte Petersilie
½ Teel. Salz
80 g geriebener Emmentaler Käse
⅛ l gute Hühnerbrühe

Zubereitungszeit: etwa 1 Stunde

Die frisch gepalten (enthülsten) Erbsen in ¼ l Hühnerbrühe bei Mittelhitze etwa 15 Minuten garen.
Den Speck in kleine Würfel schneiden, in einer Kasserolle auslassen und die Sahne dazurühren. Vom Herd nehmen. Die Eigelbe, die gehackte Petersilie und das Salz einrühren. Den Käse und ⅛ l Hühnerbrühe dazugeben und das Ganze bei sehr geringer Hitze (es darf nicht zum Kochen kommen) zu einer glatten Sauce rühren. Die heißen Erbsen daruntergeben und sofort servieren.

Zuckerschoten

Schon beim Einkauf der Zuckererbsen (auch Zuckerschoten oder Kaiserschoten genannt) muß man sehr darauf achten, daß sie wirklich frisch sind. Nur so schmecken sie außerordentlich gut und sind auch nach dem Dünsten noch knackig. Saison haben Zuckerschoten im Mai/Juni, aber in Feinkostgeschäften kann man sie fast das ganze Jahr über bekommen, allerdings nicht billig.

Zuckerschoten mit Trüffeln

Im Bild vorne

Zutaten für 4 Portionen:
600 g Zuckerschoten
Salz
80 g Schalotten
1 Knoblauchzehe
60 g Butter
1 Eßl. gehackte Petersilie
1 Trüffel aus der Dose

Zubereitungszeit: 30–40 Minuten

Die Zuckerschoten kurz waschen und die Stiele jeweils so weit durchschneiden, daß sie noch an dem Faden hängen, den man dann entlang der Schote abzieht. Diesen Vorgang am spitzen Ende wiederholen. Salzwasser zum Kochen bringen und die Zuckerschoten darin etwa 3 Minuten sprudelnd kochen lassen. Herausnehmen und ablaufen lassen. Die Schalotten schälen und feinhakken. Die Knoblauchzehe schälen und zerdrücken (Knoblauchpresse). Die Butter in einer entsprechend großen Kasserolle zerlaufen lassen und darin die Schalotten sowie den Knoblauch kurz andünsten. Dann die Schoten zugeben und das Ganze unter ständigem Wenden 4–5 Minuten garen. Die gehackte Petersilie darübergeben. Die Krönung des Ganzen, nämlich die Trüffel, in Scheibchen schneiden und zufügen.
Natürlich kann man die exquisite und teure Trüffel ersatzlos streichen, denn die Zuckerschoten schmecken auch so gut. Sie sind eine hervorragende Beilage zu fast allen Fleischgerichten oder auch zu Fisch.

Erbsengemüse nach französischer Art

Im Bild hinten

Zutaten für 4 Portionen:
100 g kleine Schalotten
40 g Butter
1 Teel. Salz
½ Teel. Zucker
4 Petersilienstengel
½ Tasse Wasser
1 kleiner Kopfsalat
400 g junge Erbsen, enthülst gewogen

Zubereitungszeit: 70–80 Minuten

Die Schalotten schälen. Die Butter in einer entsprechend großen Kasserolle zerlassen und die kleinen, ganzen Schalotten darin bei mäßiger Hitze glasig werden lassen. Das Salz und den Zucker darüberstreuen, die Petersilienstengel zugeben und mit dem Wasser übergießen. Alles zugedeckt 10 Minuten dünsten. Vom Kopfsalat nur das feste Herz verwenden, kurz waschen, gut abtropfen lassen, vierteln und mit Küchengarn zusammenbinden. Zu den Schalotten geben, mit den enthülsten (gepalten) Erbsen bedecken und bei geschlossenem Deckel weitere 10 Minuten garen. Dann den Faden vom Salatherz entfernen und die Petersilienstengel herausnehmen. Das Gemüse durchschwenken und abschmekken.
Dieses saftige Erbsengemüse paßt zu kurzgebratenem Fleisch besonders gut.

Bohnen

Die Bohnen sind das Gemüse mit der größten Verwandtschaft. Hier seien aber nur die wichtigsten genannt: die Busch- oder Zwergbohnen und die Stangen- oder Kletterbohnen. Von beiden Arten gibt es Schnitt- oder Brechbohnen. Schnittbohnen haben meist breite, flache Schoten, schmekken sehr aromatisch und haben einen harten Faden, der vor dem Schneiden abgezogen werden muß. Brechbohnen werden alle runden, zartfleischigen Sorten genannt; auch die Wachsbohnen gehören dazu. Sie werden in Stücke geschnitten oder, wie der Name sagt, gebrochen. Der typische Bohnenfaden ist bei den heutigen Sorten so gut wie weggezüchtet.
Eine noch größere Auswahl gibt es bei den getrockneten Bohnen, also den Kernen verschiedener Bohnensorten, deren Umhüllung teilweise nicht genießbar ist. Dazu gehört auch die dicke Bohne oder »Saubohne«, die der Familie der Wicken angehört.
Frische Bohnen sind etwa von Mai bis Oktober aus europäischem Anbau auf dem Markt. In den Wintermonaten wird die Lükke mit Importen aus afrikanischen Ländern aufgefüllt.
Vorsicht: Weder getrocknete noch frische Bohnen darf man roh essen! Sie enthalten das giftige Phasin, dessen Wirkung erst durch den Kochprozeß aufgehoben wird.

Bohnengemüse mit Hackfleisch

Im Bild hinten

Zutaten für 4 Portionen:
500 g frische, junge grüne Bohnen
Salz
1 große rote Paprikaschote
400 g Tomaten
100 g Zwiebeln
1 Knoblauchzehe · 3 Eßl. Öl
350 g gemischtes Hackfleisch
1 Eßl. edelsüßes Paprikapulver
¼ l Fleischbrühe
1 Eßl. gehackte Petersilie

Zubereitungszeit: 50–60 Minuten

Die Bohnen putzen, in Salzwasser etwa 10 Minuten sprudelnd kochen lassen und dann abseihen. Die Papsikaschote halbieren, von Stiel und Kernen befreien und in Streifen schneiden. Die Tomaten kurz blanchieren, häuten, halbieren, von den Kernen befreien und in Würfel schneiden. Die Zwiebeln schälen und würfeln. Die Knoblauchzehe schälen und zerdrükken. Das Öl in einer entsprechend großen Kasserolle erhitzen. Die Zwiebelwürfel und den Knoblauch darin hell anlaufen lassen. Dann das Hackfleisch mit dem Paprikapulver und 1 Teelöffel Salz zugeben. Bei starker Hitze etwa 5 Minuten unter Rühren anbraten. Die Tomatenwürfel und die Fleischbrühe zufügen. Weitere 10 Minuten garen. Die Bohnen und Paprikastreifen dazugeben und das Gericht bei Mittelhitze noch etwa 15 Minuten dünsten. Wenn nötig, etwas Fleischbrühe nachgießen. Mit gehackter Petersilie bestreut servieren.

Bohnengemüse

Im Bild vorne

Zutaten für 4 Portionen:
500 g frische, junge grüne Bohnen
Salz · 200 g Zwiebeln
4 Eßl. Öl
1 Eßl. gehackte Petersilie
½ Teel. gehackter Salbei
2 Teel. gehacktes Bohnenkraut

Zubereitungszeit: 30–40 Minuten

Die Bohnen putzen, das heißt Stielende und Spitze abschneiden und, wenn vorhanden, Fäden abziehen. In einem großen Topf Salzwasser zum Kochen bringen und die Bohnen darin in 15–20 Minuten bißfest kochen. Herausnehmen und in Eiswasser abschrecken (damit sie schön grün bleiben). In der Zwischenzeit die Zwiebeln schälen und in Scheiben schneiden. Das Öl in einer großen Pfanne erhitzen. Die Zwiebelscheiben darin einige Minuten unter Rühren braten, bis sie hellgelb sind. Die Bohnen zugeben und 5–10 Minuten weitergaren. Mit den gehackten Kräutern bestreuen und einige Minuten zugedeckt ziehen lassen.

Scharfer Bohnentopf

In der Heimat der diversen Bohnensorten, nämlich in Mittel- und Südamerika, versteht man sich ganz besonders gut auf die Zubereitung, seien es nun frische oder getrocknete Bohnen. Man denke nur an das berühmte Chili con carne, einen Bohneneintopf, der in unzähligen Varianten in Mittelamerika zubereitet wird.

Zutaten für 4 Portionen:

500 g getrocknete rote oder Kidney-Bohnenkerne
500 g Tomaten
150 g Karotten/Möhren
200 g Zwiebeln
2 Knoblauchzehen
7 Eßl. Öl
2–4 frische Chilischoten (Peperoni)
500 g Rinderbrust
¼ l Fleischbrühe
500 g frische Schnittbohnen
1 Teel. Salz
2 Teel. edelsüßes Paprikapulver
½ Teel. gehackter Thymian
1 Eßl. gehackte Petersilie

Einweichzeit: etwa 12 Stunden
Vorbereitungszeit: 60–70 Minuten
Garzeit: etwa 1 Stunde und 30 Minuten

Die Bohnenkerne am Abend zuvor in kaltem Wasser einweichen. Die Tomaten blanchieren, die Haut abziehen, Stielansatz und Kerne entfernen. Das Fruchtfleisch in Würfel schneiden. Die Zwiebeln schälen und würfeln. Die Knoblauchzehen schälen und zerdrücken. Die Karotten putzen und würfeln.
4 Eßlöffel Öl in einer entsprechend großen Pfanne erhitzen, die Zwiebelwürfel und den Knoblauch darin hell anschwitzen. Von den Chilischoten je nach gewünschter Schärfe zwischen 2 und 4 Stück verwenden. Die Schoten halbieren, die Stiele herausschneiden und die Samenkörner entfernen. Das Fruchtfleisch in kleine Würfel schneiden. Danach sofort die Hände waschen, weil die aggressive Schärfe der Chilischoten Hautrötungen hervorruft. Die Chiliwürfel, die Karotten- und die Tomatenwürfel zu den Zwiebeln geben und etwa 10 Minuten dünsten. Diese Mischung warm stellen. Das Rindfleisch in kleine Würfel schneiden. In einer zweiten Pfanne 3 Eßlöffel Öl erhitzen und darin die Fleischwürfel bei starker Hitze von allen Seiten etwa 5 Minuten anbraten. Die Zwiebel-Tomaten-Mischung und die abgetropften roten Bohnenkerne zum Fleisch geben. Mit der Fleischbrühe aufgießen. Die Schnittbohnen waschen, Stiel und Spitze abschneiden und dabei die Fäden abziehen. Die Bohnen in kleine Stücke schneiden, zum Eintopf geben und mit dem Salz, dem Paprikapulver, dem Thymian und der Petersilie würzen. Bei schwacher Hitze etwa 1 Stunde und 30 Minuten garen.

Bohnen-Kürbis-Gemüse

Ohne Abbildung

Zutaten für 4 Portionen:

600 g frische Schnittbohnen
Salz
1 kg Kürbis (etwa 600 g Fruchtfleisch)
500 g Tomaten
150 g Zwiebeln
1 Knoblauchzehe
⅛ l Olivenöl · ⅛ l Weißwein
1 Eßl. gehacktes Basilikum
etwas frisch gemahlener Pfeffer

Vorbereitungszeit: 60–70 Minuten
Garzeit: 40–50 Minuten

Die Schnittbohnen waschen, putzen und die Fäden abziehen. In Stücke schneiden und diese 20 Minuten in Salzwasser kochen lassen. Den Kürbis dick schälen, die Kerne und den weißen inneren Pelz entfernen. Das Fruchtfleisch in etwa 1½ cm große Würfel schneiden. Die Tomaten brühen, häuten, entkernen und das Fruchtfleisch ebenfalls würfeln. Die Zwiebeln schälen und würfeln. Die Knoblauchzehe schälen und zerdrücken. In einem großen Topf das Öl erhitzen. Die Zwiebelwürfel und den Knoblauch darin hell anschwitzen. Die Bohnen, die Kürbis- und Tomatenwürfel zufügen, mit dem Wein aufgießen. Mit 1 Teelöffel Salz, dem Basilikum und Pfeffer würzen. Zugedeckt 40–50 Minuten garen.

Spargel

Spargel ist ein Gemüse mit Tradition. Er gehört zu den ältesten Kulturpflanzen, stammt aus Vorderasien und wurde, wie es sich für ein Gemüse mit Geschichte gehört, zumindest von den Griechen und Römern geschätzt. Bei den Ägyptern ist man sich nicht ganz sicher. In seiner »wilden« Form wächst er heute noch fast unbeachtet in den Mittelmeerländern.
Inzwischen ist Spargel zum »Allerweltsgemüse« geworden. Er wird fast überall angebaut, wo Klima und Bodenbeschaffenheit nur einigermaßen geeignet sind, und die matschigen Stengel in Dosen überschwemmen den Markt. Dennoch hat dieses Gemüse nichts von seiner Anziehungskraft für Feinschmecker verloren. Frischer Spargel ist trotz modernster Anbaumethoden von hervorragender Qualität, wenn er während der Saison (bei uns von Anfang Mai bis Ende Juni) frisch auf den Markt kommt. Spargelliebhaber mögen darüber streiten, welche der verschiedenen Sorten die beste ist, der makellos weiße Spargel, wie er in Deutschland angebaut wird, der meist aus Frankreich importierte weiße mit den violetten Spitzen oder der grüne Spargel, der vornehmlich aus Italien stammt. Aber das ist eine Frage des persönlichen Geschmacks. Frischer Spargel, richtig zubereitet, ist allemal eine Delikatesse.
Spargelrezepte gibt es so viele, daß man damit ein ganzes Buch füllen könnte, deshalb soll hier nur die Grundzubereitung erklärt werden. Dieses Gemüse mit seinem eigenständigen, aber zarten Aroma verträgt sich mit einer ganzen Reihe von zum Teil sehr kräftig schmeckenden Zutaten, zum Beispiel mit rohem Schinken oder Räucherlachs. Auch hartgekochte oder wachsweiche Eier, eine Kräuter-Vinaigrette oder eine zarte Sauce hollandaise passen gut dazu. Puristen aber lassen zum gekochten Spargel nur Butter gelten. Tatsächlich kann der feine Geschmack von frisch gekochtem Spargel nicht besser zur Geltung kommen, und dazu bedarf es auch keiner weiteren Beilage.

Stangenspargel mit Butter

Zutaten für 4 Portionen:

2 kg frischer Spargel
Salz
½ Teel. Zucker
Butter

Zubereitungszeit: etwa 1 Stunde und 15 Minuten

Ob man Spargel waschen soll, ist umstritten. Tatsächlich reicht es, wenn man die Köpfe mit kaltem Wasser abbraust, denn die Stangen (zumindest beim weißen und violetten Spargel) werden ohnehin geschält. Der dünne grüne Spargel wird meist nicht geschält, sondern nur die dicken Stangen. Je frischer der Spargel ist, desto dünner kann er geschält werden. Man setzt mit dem Spargel- (oder Kartoffel-)schäler etwa 2 cm unter der Spitze an und schält zum Stielende hin. Vom Ende etwa 2 cm abschneiden, weil es meist etwas holzig ist. (Von den gewaschenen Abschnitten und Schalen kann man übrigens eine feine Spargelbrühe kochen.) Jeweils etwa 250 g Spargelstangen zu einem Bündel zusammenbinden (mit einem Baumwollfaden) und dann in so viel leicht gesalzenem, sprudelnd kochendem Wasser aufsetzen, daß die Bündel gerade davon bedeckt sind. Den Zucker zufügen. Dann bei mittlerer Hitze je nach Dicke der Spargelstangen 15–20 Minuten leise köcheln lassen. Man muß schon ab und zu probieren, wie weit er gegart ist, denn Spargel sollte keinesfalls zu weich sein und darf ruhig einen »Biß« haben, aber er sollte auch nicht mehr hart sein. Die Stangen auf Küchenkrepp gut ablaufen lassen, denn sonst verbindet sich der Spargel weder mit der Butter noch mit Sauce richtig.
Sozusagen als Test für Spargelesser sei empfohlen, einmal weißen und grünen Spargel zusammen zu servieren. Man kann zerlassene Butter darübergießen oder einfach ein Stück Butter daraufgeben, das dann über den heißen Stangen zerläuft. Aber auch das ist Geschmackssache.

Spinat

Mit Spinat zu kochen, ist zum Ganzjahres-Vergnügen geworden. Es gibt ihn fast zu jeder Jahreszeit, wenngleich das Angebot zwischen Sommer- und Winterspinat wechselt. Der helle, zartblättrige Sommerspinat ist von besonders feinem Geschmack; der Winterspinat hat krause, derbe Blätter und ein kräftiges Aroma. Je nach Sorte oder Anbaugebiet werden die Spinatblätter einzeln geerntet oder auch als »Wurzelspinat«, bei dem die ganze Pflanze am Wurzelhals abgeschnitten wird. Beim Einkauf dieser Sorte muß man an die größere Menge Abfall denken.
Spinat ist ein Universalgemüse, das vielfältig eingesetzt werden kann. So kann man aus Spinat eine hervorragende Suppe bereiten, er eignet sich für vielerlei Füllungen, aber am beliebtesten ist er als Beilage. Zum Hauptgericht wird er bei den Italienern, die sich ganz besonders gut auf die Zubereitung dieser Gemüsesorte verstehen.

Spinat nach italienischer Art

Zutaten für 4 Portionen:

40 g Rosinen
½ Tasse süßer Weißwein
1 kg Spinat
1 Eßl. Öl
50 g Frühlingszwiebeln
¼ Knoblauchzehe
50 g Butter
3 Sardellenfilets
50 g Pinienkerne
1 Eßl. gehackte Petersilie
Salz · frisch gemahlener Pfeffer
etwas geriebene Muskatnuß

Zubereitungszeit: 40–45 Minuten

Die Rosinen in dem etwas erwärmten Weißwein einweichen. Den Spinat putzen, das heißt angewelkte Blätter und die dicken Stiele entfernen. In reichlich Wasser mehrmals gut waschen und dann in einem Sieb abtropfen lassen. In einem entsprechend großen Topf das Öl erhitzen, den Spinat hineingeben und etwa 2 Minuten dünsten, bis er richtig zusammengefallen ist. Vom Herd nehmen und in das Sieb zurückgeben. Die Zwiebeln putzen und sehr fein hacken. Das Knoblauchstück zerdrücken (es soll wirklich maximal ¼ Zehe sein, denn das Gericht verträgt nur einen Hauch von Knoblauch).
Die Butter in einer Kasserolle zerlaufen lassen und die Frühlingszwiebeln sowie den Knoblauch darin andünsten. Dann die zerdrückten Sardellenfilets, die Pinienkerne und die gehackte Petersilie zugeben. Die eingeweichten Rosinen mit dem Wein hineinschütten und alles zusammen 3–4 Minuten dünsten. Dann den abgelaufenen Spinat zufügen. Mit Salz, Pfeffer und etwas frisch geriebener Muskatnuß würzen und den Spinat in 8–12 Minuten bei sehr geringer Hitze fertig dünsten.
Dieser Spinat ist eine hervorragende Beilage, er schmeckt aber auch nur mit geröstetem Brot oder mit Kartoffelgnocchi. Eine ganz besondere Note erhält er aber, wenn man ihn wie folgt weiterverarbeitet:

Variante: Spinat mit Käsekruste

Den Spinat nach dem vorangegangenen Rezept zubereiten und, nachdem alle Zutaten vermischt sind, in eine Auflaufform füllen. Die Form etwa 5 Minuten in den auf 220 °C vorgeheizten Backofen schieben. 100 g geriebenen Parmesankäse mit ¼ l Sahne mischen und über den Spinat gießen. Weitere 100 g Parmesan darüberstreuen und 80 g Butter in kleinen Flöckchen daraufsetzen. Das Ganze nochmals etwa 10 Minuten im Ofen lassen, bis die Oberfläche eine schöne braune Kruste bekommen hat.

Mangoldsuppe

Im Bild vorne

Zutaten für 4 Portionen:
1 kg Mangold
(etwa 250 g Blätter)
80 g Zwiebeln
40 g Butter
1 Teel. Salz
etwas frisch gemahlener Pfeffer
etwas gehacktes Basilikum
¾ l gute Fleischbrühe
250 g Tomaten
100 g Crème fraîche

Zubereitungszeit: 30–40 Minuten

Für dieses Rezept werden vom Mangold nur die Blätter verwendet (wenn die Stiele gut geschält werden, kann man sie als schmackhaftes Gemüse zubereiten). Die Blätter in Streifen schneiden. Die Zwiebel schälen und ganz fein hacken. Die Butter in einer entsprechend großen Kasserolle zerlassen und die Zwiebel darin glasig anschwitzen. Den Mangold zugeben und 3–4 Minuten dünsten, bis er vollständig zusammengefallen ist. Dann mit dem Salz, Pfeffer und Basilikum würzen. Mit der Fleischbrühe aufgießen und langsam erhitzen. Die Tomaten kurz blanchieren, enthäuten, von den Kernen befreien und würfeln. Zur Suppe geben und diese noch etwa 10 Minuten ganz leicht köcheln lassen. Wenn nötig, nachwürzen und die Crème fraîche unterrühren.

Suppe von Brunnenkresse

Im Bild in der Mitte

Zutaten für 4 Portionen:
150 g Porree, geputzt gewogen
100 g Zwiebeln
½ Knoblauchzehe
40 g Butter
150 g Kartoffeln
1 l Hühnerbrühe
150 g Brunnenkresse
½ Teel. Salz
etwas frisch gemahlener Pfeffer
etwas frisch geriebene
Ingwerwurzel
⅛ l trockener Weißwein

Zubereitungszeit: 30–35 Minuten

Den Porree waschen, die Zwiebel schälen und beides sehr fein hakken. Die halbe Knoblauchzehe fein zerdrücken. Die Butter zerlassen. Porree, Zwiebel und Knoblauch darin hell anlaufen lassen. Die Kartoffeln schälen, würfeln und dazugeben. Mit der Hühnerbrühe aufgießen. Die Suppe etwa 15 Minuten leicht kochen lassen. Die Brunnenkresse waschen, abtropfen lassen, die dicken Stiele entfernen und die Kresse zur Suppe geben. Mit dem Salz, Pfeffer und Ingwer würzen und leicht weiterkochen lassen, bis die Kartoffeln zerfallen. Dann die Suppe mit dem Mixstab oder im Mixgerät pürieren, den Weißwein zugießen und alles noch einige Minuten ziehen lassen.

Sauerampfersuppe

Im Bild hinten

Zutaten für 4 Portionen:
1 Zwiebel · 100 g Kartoffeln
60 g Staudensellerie, geputzt
40 g Butter
½ Tasse Weißwein
250 g Sauerampfer
1 Eßl. Zitronensaft
1 Teel. Salz
etwas frisch gemahlener Pfeffer
etwas geriebene Muskatnuß
¾ l Fleischbrühe
1 Eigelb · ⅛ l Sahne
geröstete Weißbrotwürfel

Zubereitungszeit: 30–40 Minuten

Die Zwiebel und die Kartoffeln schälen, dann beides ebenso wie den Staudensellerie ganz fein hacken. Die Butter zerlassen, das Gemüse zugeben und mit dem Weißwein aufgießen. Bei schwacher Hitze etwa 15 Minuten dünsten. Den Sauerampfer von den dicken Stielen befreien, gut waschen und tropfnaß in den Topf geben. Einige Minuten dünsten, bis er vollständig zusammengefallen ist. Gut durchrühren, mit dem Zitronensaft, dem Salz, Pfeffer und Muskat würzen. Mit der Fleischbrühe aufgießen und weitere 10–15 Minuten leise kochen lassen. Das Eigelb mit der Sahne verrühren. Die Suppe damit legieren und mit gerösteten Weißbrotwürfeln bestreut servieren.

Chicorée

Chicorée ist die veredelte Form der bei uns wildwachsenden Wegwarte oder Zichorie, deren Wurzeln man früher als Kaffeezusatz verwendete. Ein belgischer Gärtner kam dahinter, daß diese Wurzeln, wenn sie im Dunkeln gelagert werden, während der Wintermonate frische Blätter treiben. Inzwischen ist dank immer raffinierterer Zuchtmethoden daraus ein delikates Gemüse geworden, das allerdings meist als Salat auf den Tisch kommt, obwohl es auch als warme Speise durchaus bestehen kann.

Chicorée wird bei uns im Herbst und Winter angeboten. Beim Einkauf nur frische, feste Stauden ohne braune Blattspitzen auswählen. Sie halten im Gemüsefach des Kühlschranks mindestens 1 Woche. Wenn nötig, muß man dann braun gewordene äußere Blätter entfernen. Wer den typischen, bitteren Geschmack nicht liebt, kann den Strunk kegelförmig herausschneiden. Aber die neuen Züchtungen schmecken ohnehin fast nicht mehr bitter. Zum Dünsten oder Braten Email- oder Edelstahlgeschirr verwenden, da Chicorée auf blankem Eisen unappetitlich dunkel wird.

Gefüllter Chicorée

Zutaten für 4 Portionen:
8 mittelgroße Stauden Chicorée
(etwa 600–700 g)
Saft von 1 Zitrone
½ Teel. Salz
Für die Füllung:
1 kleine Zwiebel
30 g Butter
250 g mageres
Schweinehackfleisch
1 Ei
Salz · frisch gemahlener Pfeffer
1 Prise geriebene Muskatnuß
1 Teel. edelsüßes Paprikapulver
1 Eßl. gehackte Petersilie
1 Eßl. Semmelbrösel
Außerdem:
200 g durchwachsener
Räucherspeck
50 g Butter
⅛ l Weißwein
⅛ l Fleischbrühe

Vorbereitungszeit: 40–45 Minuten
Garzeit: 20–25 Minuten

Von den Chicoréestauden den Strunk etwas abschneiden oder auch kegelförmig ausschneiden und die Stauden längs halbieren. Die Hälften mit der Schnittfläche nach oben auf die Arbeitsfläche legen, die kleinen Blätter in der Mitte herausnehmen und beiseite legen. Die Schnittflächen mit etwas Zitronensaft säuern und mit Salz bestreuen.

Die Zwiebel schälen und ganz fein hacken. Die Butter in einer Kasserolle erhitzen, die gehackte Zwiebel darin hell anlaufen lassen. Die beiseitegelegten Chicoréeblätter aus der Mitte ganz fein hacken, zur Zwiebel geben und etwa 2 Minuten dünsten, bis sie zusammengefallen sind. Das Schweinehackfleisch in eine Schüssel geben, dazu das Ei, etwas Salz und frisch gemahlenen Pfeffer, den Muskat, das Paprikapulver, die Petersilie und die Semmelbrösel. Die Zwiebel-Chicorée-Mischung zufügen und alles gut verkneten. Die Masse auf 8 Chicoréehälften verteilen, etwas glattstreichen und mit den übrigen 8 Hälften abdecken. Den Speck in dünne Scheiben schneiden und die gefüllten Chicoréestauden damit umwickeln. Die Butter in einer flachen feuerfesten Form zerlaufen lassen. Die gefüllten Chicoréestauden so in die Form setzen, daß sich die Enden der Speckstreifen unten befinden und somit die gefüllten Chicoréepäckchen beim Garen nicht aufgehen können. Man kann sie aber auch mit Holzspießchen feststecken. Im vorgeheizten Backofen bei 200 °C 20–25 Minuten garen. Den Weißwein mit der Fleischbrühe mischen und nach etwa 5 Minuten Garzeit über die Chicorée gießen. Sollte die Flüssigkeit zu schnell verdunsten, kann mit weiterer Fleischbrühe nachgegossen werden.

Die Chicorée mit einer frischen Tomatensauce (im Rezept Seite 58) und Salzkartoffeln servieren.

Weinblätter

Weinblätter sind in den Küchen der Mittelmeerregionen von alters her ein beliebtes Gemüse. Wir können sie zwar nicht frisch bekommen, aber sie werden, in Lake oder Öl eingelegt, in Gläsern oder vakuumverpackt angeboten; bei griechischen oder türkischen Händlern kann man sie auch offen kaufen.

Weinblätter mit Reisfüllung

Im Bild vorne

Zutaten für 4 Portionen:

100 g Zwiebeln
3 Eßl. Olivenöl
150 g Reis
¼ l Fleisch- oder Hühnerbrühe
50 g gehackte Mandeln
50 g Pinienkerne
2 Eßl. gehackte Petersilie
1 Teel. gehackte Pfefferminzblätter
½ Teel. Salz
1 Teel. Zucker
etwas frisch gemahlener Pfeffer
200 g Weinblätter
Außerdem:
2 Eßl. Olivenöl für die Form
⅛ l Weißwein
2 Eßl. Zitronensaft

Vorbereitungszeit: etwa 1 Stunde
Garzeit: etwa 25 Minuten

Die Zwiebeln schälen und hakken. Das Olivenöl in einer großen Kasserolle erhitzen und die Zwiebeln darin glasig braten. Den Reis zugeben, einige Minuten unter Rühren mitbraten und dann mit der Fleisch- oder Hühnerbrühe aufgießen. Die Mandeln, die Pinienkerne, die Kräuter, das Salz, den Zucker und Pfeffer zugeben. Den Reis bei mittlerer Hitze so lange garen, bis die Flüssigkeit aufgesogen ist.
Die Weinblätter einzeln ausbreiten, auf jedes Blatt 1 gehäuften Eßlöffel Reis geben. Das Weinblatt vom Stielende her zur Hälfte aufrollen. Dann die seitlich überstehenden Blatteile nach innen schlagen und das Blatt vollständig aufrollen, so daß die Füllung allseitig umschlossen ist. Eine Auflaufform mit dem Öl ausstreichen. Die gefüllten Weinblätter hineinschichten. Den Weißwein mit dem Zitronensaft mischen und darübergießen. Die Form mit einem Deckel oder mit Alufolie verschließen. Die Weinblattrollen im vorgeheizten Backofen bei 200 °C etwa 25 Minuten garen.

Weinblätter mit Lammfüllung

Füllung im Bild hinten

Zutaten für 4 Portionen:

100 g Zwiebeln
1 Knoblauchzehe
400 g schieres (fett- und sehnenfreies) Lammfleisch aus der Schulter oder Keule
2 Eßl. Olivenöl
½ Teel. Salz
1 Teel. edelsüßes Paprikapulver
etwas frisch gemahlener Pfeffer
1 Eßl. gehackte Petersilie
1 Teel. gehackter Salbei
½ Teel. gehackter Thymian
einige Rosmarinnadeln
250 g Tomaten
1 Tasse gekochter Reis
200 g Weinblätter
Außerdem:
2 Eßl. Olivenöl für die Form
⅛ l Fleischbrühe

Vorbereitungszeit: etwa 1 Stunde
Garzeit: 25–30 Minuten

Die Zwiebeln und die Knoblauchzehe schälen, dann feinhacken. Das Lammfleisch in kleine Würfel schneiden. Das Öl in einer Pfanne erhitzen. Die Zwiebeln und den Knoblauch darin hell anschwitzen. Die Lammwürfel zufügen und unter Rühren etwa 5 Minuten anbraten. Mit dem Salz, dem Paprikapulver, Pfeffer und den Kräutern würzen. Die Tomaten brühen, und abziehen, das Fruchtfleisch würfeln und dazugeben. Alles etwa 10 Minuten bei Mittelhitze unter ständigem Rühren garen. Dann den Reis daruntermischen. Die Weinblätter wie im nebenstehenden Rezept füllen, in die Form schichten und mit der Fleischbrühe übergießen. Zugedeckt im vorgeheizten Backofen bei 200 °C 25–30 Minuten garen.

Fenchel

Den wilden Fenchel hat man schon in den alten Kulturen Ägyptens und Griechenlands zu Heilzwecken geschätzt. Bei den Römern wurde er bereits gern in der Küche verwendet. Heute noch ist wilder Fenchel eine Hauptzutat für die sizilianische Pasta con le sarde. Aber auch kultivierter Fenchel hat in den Mittelmeerländern eine lange Geschichte.
Bei uns hat Fenchel sich seit einigen Jahrzehnten als Gemüsepflanze durchgesetzt. Die knakkig-frischen, stark nach Anis schmeckenden Fenchelknollen sind eine sehr würzige Beilage zu Fleisch- und Geflügelgerichten.
Fenchel wird das ganze Jahr über angeboten, obwohl er ein echtes Wintergemüse ist. Einen ganz besonders feinen Geschmack hat der Sommerfenchel mit seiner typischen flachen Form; nur geht er leider in dem großen Gemüseangebot der Sommermonate unter.

Griechischer Fencheltopf

Im Bild vorne

Zutaten für 4 Portionen:

600 g Fenchelknollen
1 Knoblauchzehe
1 große Zwiebel · 3 Eßl. Olivenöl
300 g reife Tomaten
⅛ l Weißwein
300 g Kalbfleisch aus der Keule
½ Teel. Salz
etwas frisch gemahlener Pfeffer
1 Teel. edelsüßes Paprikapulver
¼ l Fleischbrühe
1 Eßl. gehacktes Fenchelgrün
2 Eßl. Crème fraîche

Vorbereitungszeit: etwa 1 Stunde
Garzeit: 30–40 Minuten

Die Fenchelknollen putzen, waschen und, wenn nötig, die grünen Stengel abschneiden. Die Knollen in grobe Stücke zerteilen. Die Knoblauchzehe und die Zwiebel schälen, den Knoblauch zerdrücken, die Zwiebel feinhacken. Das Olivenöl in einer entsprechend großen Kasserolle erhitzen, den Knoblauch und die Zwiebel darin anlaufen lassen. Die Tomaten kurz in kochendes Wasser tauchen und die Haut abziehen. Die Tomaten halbieren, die Kerne herausdrücken, das Fruchtfleisch in Stücke schneiden und zu den Zwiebeln geben. Den Weißwein zugießen und alles bei starker Hitze etwa 5 Minuten dünsten. Das Kalbfleisch in kleine Würfel schneiden und zufügen. Weitere 5 Minuten dünsten und dann die Fenchelstücke hineingeben. Mit dem Salz, Pfeffer und dem Paprikapulver würzen, die Fleischbrühe zugießen, die Kasserolle zudecken und das Gericht bei kleiner Hitze 30–40 Minuten schmoren lassen. Vor dem Servieren mit dem gehackten Fenchelgrün bestreuen und die Crème fraîche darunterrühren.
Dazu schmecken Salzkartoffeln.

Fenchel mit Sahne und Parmesan

Im Bild hinten

Zutaten für 4 Portionen:

750 g Fenchelknollen
Salz
60 g Butter
⅛ l Sahne
frisch gemahlener Pfeffer
100 g geriebener Parmesankäse

Zubereitungszeit: 45–50 Minuten

Die Fenchelknollen putzen, waschen und, wenn nötig, die harten äußeren Rippen entfernen. Die grünen Stiele stutzen. Die Knollen halbieren oder, wenn sie sehr groß sind, in Viertel schneiden. Die Stücke in sprudelndem, leicht gesalzenem Wasser etwa 10 Minuten kochen lassen; gut abtropfen lassen. In einer Auflaufform die Butter zerlassen, die Fenchelstücke hineinlegen und auf dem Herd kurz anbraten. Die Sahne darübergießen, Salz und Pfeffer darüberstreuen, zum Schluß den Parmesan darüber verteilen. Im vorgeheizten Backofen bei etwa 190 °C 15–20 Minuten backen lassen, bis der Käse anfängt, knusprig und hellbraun zu werden.

ENOFRIULIA

Gefüllter Fenchel

Im Bild vorne

Zutaten für 4 Portionen:
800 g Fenchelknollen
Salz
Für die Form:
50 g Butter
Für die Füllung:
200 g rohe Bratwurst
100 g gekochter Schinken
1 Knoblauchzehe
2 Eßl. gehackte Zwiebel
1 Eßl. gehackte Petersilie
150 g Crème fraîche
50 g geriebener Parmesankäse
2 Eßl. Semmelbrösel
½ Tasse Fleischbrühe

Zubereitungszeit: 1 Stunde und 10–15 Minuten

Die Fenchelknollen sorgfältig putzen, die grünen Stiele etwas stutzen und die Knollen waschen. Falls die äußeren Rippen hart und holzig sind, diese entfernen. Die Fenchelknollen halbieren. Salzwasser zum Kochen bringen und den Fenchel darin etwa 8 Minuten sprudelnd kochen lassen; herausnehmen und sehr gut abtropfen lassen. Die Butter in einer Auflaufform zerlaufen lassen.
Für die Füllung das rohe Bratwurstbrät aus der Haut drücken. Den Schinken feinhacken. Die Knoblauchzehe schälen und zerdrücken. Das Brät mit dem Schinken, dem Knoblauch, der gehackten Zwiebel und der Petersilie mischen. Zuletzt die Crème fraîche darunterrühren. Diese Füllung auf den Schnittflächen der halbierten Fenchelknollen verteilen. Den Parmesan mit den Semmelbröseln mischen und darüberstreuen. Die Knollen mit der Füllung nach oben in die gebutterte Form legen. Die Fleischbrühe hineingießen. Das Gericht im vorgeheizten Backofen bei etwa 210 °C 15–20 Minuten backen lassen.
Die gefüllten Fenchelknollen schmecken ganz hervorragend mit der Tomatensauce von Seite 58, ergänzt mit Salzkartoffeln.

Fritierter Fenchel

Im Bild hinten

Zutaten für 4 Portionen:
600 g Fenchelknollen
Salz
Für den Teig:
125 g Mehl
2 Eigelbe
¼ Teel. Salz
1 Messerspitze geriebene Muskatnuß
⅛ l Bier
2 Eiweiße
Zum Ausbacken:
Öl

Zubereitungszeit: 50–60 Minuten

Die Fenchelknollen sehr sorgfältig putzen, waschen und die äußeren Rippen, wenn sie hart und holzig sind, entfernen. Die grünen Stiele abschneiden. Die Knollen in etwa 1 cm dicke Scheiben schneiden, die dann in die einzelnen Segmente zerfallen. Die Stükke in sprudelndem Salzwasser 3–4 Minuten kochen lassen; herausnehmen und sehr gut ablaufen lassen.
Für den Teig das Mehl in eine entsprechend große Schüssel geben und mit den Eigelben, dem Salz, dem Muskat und dem Bier cremig verrühren. Die Eiweiße zu Schnee schlagen und mit dem Schneebesen unter den Teig rühren. In einem großen Topf oder der Friteuse reichlich Öl erhitzen (180 °C). Die Fenchelstücke mit einer Gabel in den Teig tauchen, herausnehmen und sofort in das heiße Öl geben. Die Stücke, sobald sie auf der Unterseite etwas braun geworden sind, wenden und auf der zweiten Seite backen. Sie sollen schön hellbraun sein. Herausnehmen und auf Küchenkrepp ablaufen lassen.
Mit Tomatensauce servieren.

Artischocken

Diese veredelte Distel ist inzwischen auch bei uns zu einem beliebten Gemüse geworden. Man bekommt sie hauptsächlich im Frühling und Herbst, je nach Sorte und Herkunft mit einem Gewicht zwischen 150 und 500 g. Wichtig ist, daß man frische Artischocken kauft mit enganliegenden Blättern und möglichst ohne braune Spitzen.

Gekochte Artischocken

Grundrezept

Gekochte Artischocken werden meist einfach mit einer Sauce Vinaigrette oder auch mit einer Mayonnaisesauce serviert und sind so eine hervorragende Vorspeise. Wenn man pro Person 2–3 größere Artischocken serviert und dazu frisches Weißbrot, können sie auch zu einer Hauptmahlzeit werden.
Die Artischocken waschen, den Stiel abschneiden und sofort mit etwas Zitronensaft beträufeln, damit die Schnittstelle nicht braun wird. Danach die äußerste Reihe Blätter entfernen und die Artischocken in reichlich Salzwasser etwa 30 Minuten (je nach Größe) kochen. Sie sind gar, wenn sich ein Blatt leicht herausziehen läßt. Während des Kochvorganges öffnet sich die Artischocke und man kann das ungenießbare »Heu« (das sind die dünnen Fäden im Inneren) leicht entfernen. Von den frisch gekochten Artischocken ißt man zunächst die Blattansätze, das heißt, man zupft die Blätter einzeln mit den Fingern ab und zieht das Fruchtfleisch zwischen den harten Schalen mit den Zähnen heraus. Übrig bleibt zum Schluß der fleischige Artischockenboden, den man mit Messer und Gabel herausnehmen kann. Unter den vielen Zubereitungsarten ist eine zum Klassiker geworden: Carciofi alla romana – Artischocken nach römischer Art.

Artischocken nach römischer Art

Zutaten für 6 Portionen:
6 große Artischocken
Saft von 1 Zitrone
Für die Füllung:
2 Knoblauchzehen
1 Bund Petersilie
3 Eßl. Olivenöl
2 Eßl. gehackte Schalotten
1 Eßl. gehackte Pfefferminze
50 g Semmelbrösel
¼ Teel. Salz
etwas frisch gemahlener Pfeffer
Außerdem:
⅛ l Olivenöl
Hühnerbrühe oder Wasser
zum Aufgießen

Vorbereitungszeit: 50–60 Minuten
Garzeit: 30–40 Minuten

Die äußeren trockenen Blätter der Artischocken entfernen und von allen anderen Blättern mit einer Küchenschere die Spitzen abschneiden. Die Stiele bis auf einen Rest von etwa 3–4 cm abschneiden, desgleichen die Spitze der Artischocken; nehmen Sie ein rostfreies Messer, sonst laufen die Schnittstellen dunkel an. Die Artischocken sofort in eine große Schüssel mit Wasser und dem Zitronensaft geben, damit sich die Schnittstellen nicht verfärben. Die Knoblauchzehen schälen und zerdrücken. Die Petersilie hacken.
3 Eßlöffel Öl in einer Pfanne erhitzen, die Schalotten und den Knoblauch darin etwas anlaufen lassen, dann die Petersilie, die Pfefferminze, die Semmelbrösel, das Salz und Pfeffer zugeben. Vom Herd nehmen.
Die Artischocken aus dem Wasser nehmen, abtrocknen und die Blätter auseinanderdrücken. Das »Heu« mit einem Löffel entfernen. Die Füllung in die Artischocken verteilen und die Blätter wieder etwas zusammendrücken. ⅛ l Öl in einer großen, möglichst schweren Eisenpfanne erhitzen und die Artischocken dicht aneinander mit den Stielen nach oben in die Pfanne setzen. So viel Hühnerbrühe oder Wasser zugießen, daß sie etwa zu ⅓ in der Flüssigkeit stehen. Im vorgeheizten Backofen bei 200 °C 30–40 Minuten garen. Sollten die Stiele zu dunkel werden, mit Alufolie abdecken.
Die Artischocken schmecken warm so gut wie kalt und sind eine beliebte Vorspeise.

Stangensellerie

Stangensellerie wird auch unter den Namen Stauden-, Bleich- oder englischer Sellerie gehandelt. Er gehört zu den frischen Gemüsesorten, die uns im Winter höchst willkommen sind. Saison ist etwa von Oktober bis April, aber inländische Sorten gibt es auch während der Sommermonate. Sehr oft finden wir dieses erfrischende Gemüse als Salat zubereitet, und die Engländer zum Beispiel knabbern die knackigen Stangen roh zum Tee. Als warmes Gericht wird Stangensellerie meist gedünstet oder auch gefüllt. So kann man ihn beispielsweise nach dem gleichen Rezept wie die gefüllten Zucchini (Seite 46) zubereiten.

Gedünsteter Stangensellerie

Im Bild vorne

Zutaten für 4 Portionen:
1 kg Stangensellerie
50 g Schalotten
50 g Butter
1 Eßl. Zitronensaft
½ Teel. Salz
etwas frisch gemahlener Pfeffer
¼ l Hühnerbrühe
1 Eßl. gehackte Petersilie
eventuell 3–4 Eßl. Crème fraîche

Zubereitungszeit: 40–45 Minuten

Den Stangensellerie putzen und waschen. Dabei das unterste Ende vom Strunk etwas abschneiden, da es bitter schmeckt. Die Blätter entfernen und die Selleriestangen in etwa 12 cm lange Stücke schneiden. Wenn sie sehr dick sind, können sie halbiert oder geviertelt werden. Die Schalotten schälen und feinhacken. Die Butter in einer großen Kasserolle erhitzen. Die Schalotten darin hell anlaufen lassen und den Sellerie dazugeben. Mit dem Zitronensaft, dem Salz und Pfeffer würzen, dann mit der Hühnerbrühe übergießen. Bei geschlossenem Deckel und unter öfterem Wenden bei Mittelhitze etwa 20 Minuten dünsten. Mit Petersilie bestreut servieren.
Sehr gut schmeckt das Selleriegemüse, wenn man es zum Schluß mit Crème fraîche anreichert.

Sellerie mit Huhn

Im Bild hinten

Der erfrischende Geschmack vom Sellerie und das zarte Aroma vom Huhn harmonieren ganz besonders gut.

Zutaten für 4 Portionen:
½ Poularde (etwa 600–700 g)
300 g Stangensellerie, geputzt gewogen
100 g Zwiebeln
60 g Butter
1 kleine Dose Mischpilze (400 g)
½ Teel. Salz
etwas frisch gemahlener Pfeffer und Ingwerpulver
1–2 Eßl. Zitronensaft
¼ l Hühnerbrühe
4 Eßl. Sahne

Zubereitungszeit: etwa 1 Stunde

Das halbe Huhn entbeinen und das Fleisch in Würfel schneiden. Die Selleriestangen in 3–4 cm lange Stücke schneiden und, wenn sie sehr dick sind, halbieren. Die Zwiebeln schälen und feinhacken. Die Butter in einer Kasserolle zerlaufen lassen und die feingehackten Zwiebeln darin hell anschwitzen. Das Hühnerfleisch zugeben und bei guter Hitze unter stetigem Wenden von allen Seiten kurz anbraten. Dann die Selleriestücke zugeben. Die Pilze in einem Sieb ablaufen lassen und die Gemüse-Fleisch-Mischung mit dem Sud von den Pilzen aufgießen. Dann mit dem Salz, Pfeffer, Ingwerpulver und dem Zitronensaft abschmecken. Mit der Hühnerbrühe aufgießen und das Gericht bei mäßiger Hitze 15–20 Minuten garen. Dann die Pilze dazugeben. Das Ganze mit der Sahne verrühren und noch einmal 5 Minuten ziehen lassen. Das Gericht schmeckt besonders gut mit körnig gekochtem Reis oder mit Nudeln.

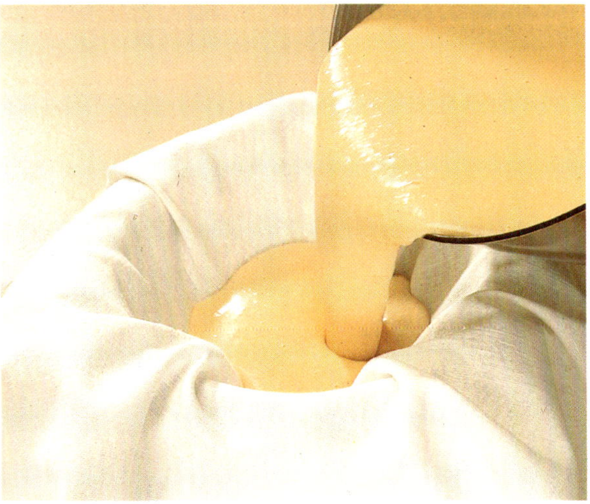

Lauch

Lauch wird auch unter dem Namen Porree gehandelt. Wie die übrigen Mitglieder der Zwiebelfamilie ist er meist eine von vielen Zutaten, aber eine wichtige. Er ist das ganze Jahr über auf dem Markt. Der Sommerlauch hat lange weiße Stengel, hellgrüne Blätter und einen relativ zarten Geschmack. Während der übrigen Monate ist der Winterlauch zu haben. Seine Stangen sind meist gedrungen und dick, mit dunkelgrünen Blättern, die recht kräftig schmecken. Das sollte man bei der Verwendung berücksichtigen. Für selbständige Gemüsegerichte eignet sich der Sommerlauch wegen seines zarten Geschmacks und seiner feineren Konsistenz besser. So ist er eine ganz hervorragende kleine Beilage für alle möglichen Fleisch- oder auch Fischgerichte, wenn die zarten weißen Enden der Stangen in Butter gedünstet und nur leicht gewürzt werden. Er eignet sich aber auch sehr gut zum Gratinieren mit einer Béchamelsauce oder einer Sauce Mornay, denn der Käsegeschmack harmoniert aufs beste mit dem Lauch.
Ob Béchamelsauce oder Sauce Mornay mit Käse, beide sind ideal zum Überbacken von Gemüse, und so kann das folgende Saucenrezept auch zum Überbacken von anderen Gemüsesorten wie Stangensellerie, Fenchel, Broccoli, Rosenkohl und so weiter verwendet werden.

Weiße Grundsauce

Béchamelsauce

Zutaten für 4 Portionen
(etwa 0,6 l Sauce):
20 g Butter
20 g feingehackte Zwiebel
25 g Mehl
¾ l entfettete Brühe vom Gemüse
(ersatzweise Hühnerbrühe)
¼ l Sahne
1 Teel. Salz
1 Messerspitze frisch gemahlener
weißer Pfeffer

Zubereitungszeit: 45–50 Minuten

Bild 1: In einer entsprechend großen Kasserolle die Butter bei mäßiger Hitze aufschäumen lassen. Die Zwiebel dazugeben und unter Rühren glasig anschwitzen.

Bild 2: Die Zwiebel mit dem Mehl bestauben und hell anschwitzen, aber keinesfalls bräunen. Dabei ständig rühren.

Bild 3: Die kalte Brühe nach und nach zugießen. Dabei bis zum Aufkochen der Sauce mit dem Schneebesen am Topfboden kreisen, damit keine Klümpchen entstehen.

Bild 4: Die Sauce bei schwacher Hitze 30 Minuten köcheln lassen. Ab und zu umrühren und den Schaum abschöpfen. Die Sahne in einem zweiten Topf bis auf die Hälfte einkochen lassen und unter die Sauce rühren.

Bild 5: Die fertige Sauce durch ein Tuch gießen, die Ecken zusammenfassen und zudrehen, damit die Sauce durchgepreßt wird. Mit dem Salz und dem Pfeffer abschmecken.

Überbackener Lauch

Zutaten für 4 Portionen:
6–8 Stangen Lauch/Porree
Salz
1 Messerspitze geriebene
Muskatnuß
Butter oder Margarine
für die Form
0,6 l weiße Grundsauce nach
dem nebenstehenden Rezept
100 g geriebener Käse

Zubereitungszeit: 30–40 Minuten

Den Lauch putzen, waschen und in Salzwasser mit dem Muskat in 10–15 Minuten nicht zu weich kochen. In Eiswasser abschrecken.

Bild 6: Eine feuerfeste Form mit Butter oder Margarine ausstreichen und die gut abgetropften Lauchstangen dicht nebeneinander hineinlegen. Die Sauce darübergießen und mit dem Käse bestreuen. Das Ganze im vorgeheizten Backofen bei 220 °C 5–10 Minuten überbacken. Die Kruste soll hellbraun sein.

Zwiebeln

Je nach Sorte können Zwiebeln Gewürz oder Gemüse sein. Auf alle Fälle sind sie ein würziges Gemüse. Wenn man nach einer milden Sorte von Gemüsezwiebeln Ausschau hält – sie haben im Herbst und Winter Saison –, dann lassen sich damit die feinsten Gerichte zaubern.

Zwiebelauflauf mit Garnelen

Im Bild vorne

Zutaten für 4 Portionen:
600 g Gemüsezwiebeln
Salz
1 Knoblauchzehe
200 g Weiß- oder Toastbrot
50 g Butter
1 Eßl. gehackte Petersilie
250 g gekochte Garnelen, ohne Schale
80 g gekochter Schinken
Für den Guß:
⅛ l Milch
⅛ l Sahne
3 Eier
½ Teel. Salz
1 Eßl. gehackte Petersilie
etwas Cayennepfeffer oder frische, gehackte Chilischote

Vorbereitungszeit: 40–45 Minuten
Garzeit: 35 Minuten

Die Zwiebeln schälen und etwa 10 Minuten in sprudelndem Salzwasser kochen. Herausnehmen, abtropfen lassen und in etwa 1 cm dicke Scheiben schneiden. Die Knoblauchzehe schälen und zerdrücken. Das Weiß- oder Toastbrot in Würfel schneiden. Die Butter in einer großen Pfanne zerlaufen lassen, den Knoblauch, die Brotwürfel und die Petersilie hineingeben und alles unter ständigem Rühren anrösten. Die Mischung in eine Auflaufform geben und mit einer Schicht Zwiebelscheiben belegen. Darauf die Garnelen verteilen. Den Schinken würfeln und über die Garnelen streuen. Mit den restlichen Zwiebelscheiben abdecken.
Für den Guß die Milch mit der Sahne und den Eiern verquirlen. Mit dem Salz, der Petersilie und Cayennepfeffer oder gehackter Chilischote würzen. Zunächst nur die Hälfte davon über den Auflauf gießen und diesen im vorgeheizten Backofen bei 200 °C etwa 15 Minuten backen. Dann die restliche Eiermilch darübergeben. Weitere 20 Minuten backen, bis der Guß vollständig gestockt ist.

Gefüllte Zwiebeln

Im Bild hinten

Zutaten für 4 Portionen:
4 Gemüsezwiebeln zu je etwa 250 g
Salz
150 g gemischtes Hackfleisch
1 Ei
2 Eßl. gekochter Reis
1 Eßl. gehackte Petersilie
½ Knoblauchzehe
Außerdem:
40 g Butter
½ Tasse Weißwein

Vorbereitungszeit: 40–50 Minuten
Garzeit: etwa 25 Minuten

Die Zwiebeln schälen und in sprudelndem Salzwasser 6–7 Minuten kochen. Herausnehmen, ablaufen lassen und mit einem scharfen Messer aushöhlen, so daß möglichst viel Füllung Platz hat. Das ausgehöhlte Zwiebelinnere ganz fein hacken. Die Knoblauchzehe schälen und zerdrücken. Die gehackte Zwiebel mit dem Hackfleisch, dem Ei, dem gekochten Reis, der Petersilie, ¼ Teelöffel Salz und dem Knoblauch mischen. Mit diesem Fleischteig die ausgehöhlten Zwiebeln füllen. Sollte etwas Füllung übrigbleiben, dann kann man sie in der Pfanne mitbraten. Die Butter in einer großen Pfanne oder Form zerlassen und die gefüllten Zwiebeln hineinsetzen. Mit dem Weißwein aufgießen. Im vorgeheizten Backofen bei 200 °C etwa 25 Minuten garen.
Gefüllte Zwiebeln schmecken besonders gut, wenn man sie in einer frisch zubereiteten Tomatensauce (im Rezept Seite 58) serviert und dazu körnig gekochten Reis reicht.

Rote Bete

Ihr süddeutscher Name »rote Rübe« erinnert an die Verwandtschaft mit der Zucker- und Runkelrübe.
Man kann rote Beten frisch fast das ganze Jahr über bekommen, aber Hochsaison haben sie im Herbst und Winter. Beim Einkauf darauf achten, daß die Rüben prall und fest sind und noch 2–3 cm lange Blattstiele haben, damit die Rüben beim Kochen ihren kostbaren Saft behalten.
Rote Beten kocht man grundsätzlich mit der Schale; erst dann werden sie geschält und weiterverarbeitet. Sie werden zunächst unter fließendem Wasser sauber gebürstet, längere Blätter werden etwa 2–3 cm über den Knollen abgeschnitten und diese dann je nach Größe 1–2 Stunden in Salzwasser gekocht. Am besten prüft man mit einer Stricknadel, ob sie weich genug sind. Die Rüben mit kaltem Wasser abschrecken. Blattansatz und Wurzeln abschneiden und die Haut abziehen. Sie können dann beliebig weiterverarbeitet werden.

Rote Beten in Buttersauce

Im Bild vorne

Zutaten für 4–6 Portionen:

750 g gekochte rote Beten
70 g Butter
1 Zitrone (Schale unbehandelt)
1 Orange (Schale unbehandelt)
½ Teel. Salz
frisch gemahlener Pfeffer
etwas geriebene Muskatnuß
½ Eßl. gehackte Petersilie

Zubereitungszeit: 50–60 Minuten

Die gekochten roten Beten schälen und mit dem Buntmesser (oder auch mit einem normalen Messer) in Scheiben schneiden.
In einer entsprechend großen Kasserolle die Butter zerlaufen lassen. Die Zitrone und Orange unter fließendem, heißem Wasser kräftig abbürsten. Die Schale der beiden Früchte hauchdünn abreiben oder in ganz feine Streifen schneiden, dann zusammen mit dem Saft der halben Zitrone und der halben Orange in die Butter geben. Die Rote-Bete-Scheiben zufügen und erhitzen, aber darauf achten, daß die Scheiben dabei nicht allzusehr zerbrechen. Mit dem Salz, Pfeffer, Muskatnuß und der Petersilie würzen. Das Gemüse bei ganz schwacher Hitze 5–10 Minuten ziehen lassen.
Eine ideale Beilage zu Fleisch-, Geflügel- oder Wildgerichten.

Rote Rüben nach bayrischer Art

Im Bild hinten

Die Kombination von roten Rüben mit Kümmel ist vor allem im süddeutschen Raum und in Österreich als Beilage sehr beliebt.

Zutaten für 4 Portionen:

500 g gekochte rote Rüben/rote Beten
2 Eßl. Weinessig
4 Eßl. Rotwein

Für die Sauce:

50 g Butter
1 Eßl. Mehl
⅜ l Fleischbrühe
1 Eßl. Weinessig
¼ Teel. Salz
½ Teel. Zucker
1 Teel. Kümmel

Zubereitungszeit: etwa 1 Stunde

Die möglichst frisch gekochten roten Rüben schälen, in Scheiben und dann in Stifte schneiden. Die Stifte in eine Schüssel geben, mit einer Mischung aus dem Essig und dem Rotwein übergießen und 30 Minuten ziehen lassen.
In der Zwischenzeit die Butter in einer Kasserolle zerlassen, das Mehl hinzufügen und hell anlaufen lassen. Mit der Fleischbrühe aufgießen und unter Rühren 8–10 Minuten kochen. Die Sauce mit dem Essig, dem Salz, dem Zucker und dem Kümmel würzen, dann die gut abgelaufenen Rote-Rüben-Stifte zufügen.

Variante: Es schmeckt besonders fein, wenn man zum Schluß ⅛ l frische Sahne zusetzt und das Rote-Rüben-Gemüse noch einmal erhitzt.

Schwarzwurzeln und Knollensellerie

Schwarzwurzeln sehen gekocht nicht nur dem Spargel ähnlich, sie werden wegen ihres Geschmacks ebenso geschätzt; deshalb nennt man sie auch Winterspargel.
Knollensellerie hat etwa von Juli bis September Saison. Beim Kauf sollte man darauf achten, daß die Knollen rundherum fest sind (unter weichen Stellen sind sie oft hohl). Und man sollte möglichst kleine Knollen mit frischem Blattgrün wählen.

Schwarzwurzelgemüse

Im Bild vorne

Zutaten für 4 Portionen:
1 kg Schwarzwurzeln
(etwa 600 g geschältes Gemüse)
Zitronensaft oder Essig
1 kleine Zwiebel
200 g gekochter Schinken
2 Eßl. Öl
¼ l Fleischbrühe
½ Tasse Weißwein
½ Teel. Salz
etwas frisch gemahlener Pfeffer
250 g Tomaten
⅛ l Sahne
1 Eßl. gehackte Petersilie

Zubereitungszeit: 40–50 Minuten

Die Schwarzwurzeln unter fließendem Wasser abbürsten und schälen. Die Stangen sofort in mit Zitronensaft oder auch Essig gesäuertes Wasser legen, damit sie sich nicht verfärben. Die Zwiebel schälen und hacken. Den Schinken in Würfel schneiden. Das Öl in einer entsprechend großen Kasserolle heiß werden lassen, darin die gehackte Zwiebel hell anschwitzen und dann die Schinkenwürfel kurz anbraten. Die Schwarzwurzeln in 3–4 cm lange Stücke schneiden und dazugeben. Mit der Fleischbrühe und dem Weißwein aufgießen, salzen und pfeffern. Das Gemüse etwa 20 Minuten bei Mittelhitze dünsten. In der Zwischenzeit die Tomaten brühen, die Haut abziehen und das Fruchtfleisch in Stücke schneiden. Zu den Schwarzwurzeln geben, mit der Sahne übergießen und alles zusammen etwa 10 Minuten bei ganz milder Hitze weiterdünsten. Mit der Petersilie bestreut servieren.

Gebackene Sellerieschreiben

Im Bild hinten

Zutaten für 4 Portionen:
1 Sellerieknolle von 1 kg
Salz · Saft von 1 Zitrone
Außerdem:
Mehl · 2 Eier
Semmelbrösel
6 Eßl. Öl · 80 g Butter
Zitronenachtel
Für die Remoulade:
100 g Crème fraîche
50 g Mayonnaise
2 hartgekochte Eier
½ Paprikaschote
1 kleine Zwiebel
1 Gewürzgurke
2 Eßl. gehackte Kräuter
(Schnittlauch, Petersilie, Dill)
Salz · frisch gemahlener Pfeffer

Zubereitungszeit: 40–50 Minuten

Die Sellerieknolle unter fließendem Wasser sauber abbürsten und in Salzwasser mit dem Zitronensaft 20–25 Minuten kochen lassen. Die Knolle abkühlen lassen, schälen und in 1 cm dicke Scheiben schneiden. Die Scheiben zunächst in Mehl wälzen, dann durch die verrührten Eier ziehen und zum Schluß mit Semmelbröseln panieren. In einer Pfanne halb Öl, halb Butter mischen und erhitzen. Die panierten Selleriescheiben darin nacheinander von beiden Seiten bei mäßiger Hitze braten. Warm stellen.
Für die Remoulade die Crème fraîche mit der Mayonnaise verrühren, die hartgekochten Eier feinwürfeln, ebenso die Paprikaschote, die geschälte Zwiebel und die Gewürzgurke. Die Ei-, Paprika-, Zwiebel- und Gurkenwürfel mit den Kräutern unter die Sauce rühren. Mit Salz und Pfeffer würzen.
Die gebackenen Selleriescheiben mit Zitronenachteln und Remoulade servieren.

Karotten/Möhren

Ein Ganzjahres-Gemüse, das im Sommer besonders köstlich schmeckt! Karotten sind die kurzen, runden Frühmöhren. Sommer- und Herbstmöhren haben längliche Wurzeln.

Klare Karottensuppe

Im Bild vorne

Zutaten für 4 Portionen:

250 g Karotten/Möhren
3 Eßl. Öl
1 l Fleischbrühe
Salz · Zucker
frisch gemahlener Pfeffer
½ Teel. gehackte Petersilie
½ Teel. gehacktes blaues Basilikum (ersatzweise grünes)

Zubereitungszeit: 35–40 Minuten

Die Karotten waschen, schaben und mit dem Buntmesser in etwa ½ cm dicke Scheiben schneiden. Das Öl in einem großen Topf erhitzen und die Karottenscheiben darin bei mittlerer Hitze andünsten, aber nicht bräunen. Mit der Fleischbrühe aufgießen und 20–25 Minuten leicht kochen lassen. Mit Salz, Zucker und Pfeffer abschmecken und vor dem Servieren mit den gehackten Kräutern bestreuen.

Karottencreme mit saurer Sahne

Im Bild in der Mitte

Zutaten für 4 Portionen:

500 g junge Karotten/Möhren
50 g Zwiebel
½ Knoblauchzehe
40 g Butter
1 l Fleischbrühe
1 Teel. Salz
etwas frisch gemahlener Pfeffer
1 Teel. edelsüßes Paprikapulver
⅛ l saure Sahne
1 Eßl. gehackte Petersilie

Zubereitungszeit: 35–40 Minuten

Die Karotten waschen, schaben und in möglichst feine Scheiben schneiden. Die Zwiebel schälen und hacken. Die Knoblauchzehe schälen und zerdrücken. Die Butter in einem großen Topf zerlaufen lassen. Die Zwiebelwürfel und den Knoblauch darin hell anschwitzen. Die Karottenscheiben zugeben und etwa 10 Minuten dünsten. Mit der Fleischbrühe aufgießen. Mit dem Salz, Pfeffer und dem Paprikapulver würzen. Etwa 20 Minuten köcheln lassen. Dann durch ein feines Sieb passieren. Die Suppe mit der sauren Sahne verrühren und mit der Petersilie bestreuen.

Karotteneintopf

Im Bild hinten

Zutaten für 4 Portionen:

500 g Karotten/Möhren
100 g Zwiebeln
1 Knoblauchzehe
100 g durchwachsener Räucherspeck
2 Eßl. Öl
200 g Zucchini
200 g Tomaten
⅛ l Fleischbrühe
1 Teel. Salz
etwas frisch gemahlener Pfeffer
eventuell geriebener Emmentaler Käse

Zubereitungszeit: 40–50 Minuten

Die Karotten waschen, schaben und in feine Scheibchen schneiden. Die Zwiebeln schälen und feinwürfeln, die Knoblauchzehe schälen und zerdrücken. Den Speck in Würfel schneiden. Das Öl in einem großen Topf erhitzen. Die Zwiebeln, den Knoblauch und den gewürfelten Speck darin anschwitzen, die Karottenscheiben zugeben und 10 Minuten dünsten. Die Zucchini in Scheiben, die Tomaten in kleine Würfel schneiden und zugeben. Mit der Brühe aufgießen. Mit dem Salz und Pfeffer würzen. 15–20 Minuten kochen lassen. Mit geriebenem Käse bestreut, schmeckt der Eintopf besonders gut.

Gurken und Kürbis

Die Gurke gehört zu den traditionsreichsten Gemüsearten. Sie stammt vermutlich vom indischen Subkontinent und kam über Ägypten und Rom nach ganz Europa. Heute sind Gurken weltweit beliebt. Die Salat- oder Schlangengurke hat heute bei uns keine Saison mehr, denn aus Treibhäusern werden wir das ganze Jahr über versorgt. Wenn sie auch Salatgurke heißt, so läßt sie sich doch auch für warme Gemüsegerichte verwenden. Die Schlangenform, der sie früher ihren Namen verdankte, wurde ihr weggezüchtet, ebenso der bittere Geschmack an den Enden. Bei diesen Bemühungen ist leider auch der typische Gurkengeschmack auf der Strecke geblieben. Aber im Spätsommer gibt es die kurzen, dicken Schmor- oder Freilandgurken auf dem Markt, die frisch und kräftig schmecken und ein vortreffliches Gurkengemüse ergeben. Sie müssen allerdings, im Gegensatz zur Salatgurke, geschält werden, weil sie eine harte Schale haben.
Der Kürbis ist ebenfalls eine schon seit dem Altertum bekannte Frucht. Über seine Heimat – Afrika oder Amerika – sind sich die Gelehrten noch nicht einig. Die Familie der Kürbisgewächse ist jedenfalls sehr zahlreich. Manche Sorten bringen riesige Früchte hervor. Die dicken gelbfleischigen Gartenkürbisse ergeben ein schmackhaftes Gemüse. Sie werden ab September angeboten.

Schmorgurkengemüse

Im Bild vorne

Zutaten für 4 Portionen:
1 kg kleine Freilandgurken
50 g durchwachsener Räucherspeck
150 g Zwiebeln
⅛ l Fleischbrühe · ½ Teel. Salz
etwas frisch gemahlener Pfeffer
1 Teel. edelsüßes Paprikapulver
250 g Tomaten
1 Eßl. gehackter Dill
3 Eßl. saure Sahne

Zubereitungszeit: 30–40 Minuten

Die Gurken schälen und die Spitzen abschneiden, weil sie oft noch etwas bitter sind. Die Gurken halbieren, die Kerne mit einem kleinen Löffel herausschaben und das Fruchtfleisch in etwa 3 cm lange und 1 cm breite Streifen schneiden. Den Speck würfeln. Die Zwiebeln schälen und in Viertel oder Achtel schneiden. Die Speckwürfel in einem Topf kurz anrösten, die Zwiebelstücke zugeben und hell anschwitzen. Die Fleischbrühe und die Gurkenstreifen zugeben, mit dem Salz, Pfeffer und dem Paprikapulver würzen und 15 Minuten dünsten. Die Tomaten kurz brühen, abziehen und in Achtel schneiden. Zum Gemüse geben und 5 Minuten mitdünsten. Zum Schluß den Dill und die saure Sahne unterrühren.

Kürbisgemüse

Im Bild hinten

Zutaten für 4 Portionen:
1 kg Kürbisfleisch
Saft von 1 Zitrone
1 Teel. Salz
60 g durchwachsener Räucherspeck
80 g Zwiebeln
½ Teel. Zucker
etwas frisch gemahlener Pfeffer
¼ l Fleischbrühe
2 Eßl. gehackter Dill
⅛ l Crème fraîche

Zubereitungszeit: 40–50 Minuten

Das Kürbisfleisch (ohne Schale und Kerne) in etwa 1½ cm große Würfel schneiden, in eine Schüssel geben, mit dem Zitronensaft beträufeln und mit dem Salz bestreuen. Den Speck in kleine Würfel schneiden. Die Zwiebel schälen und feinhacken. Die Speckwürfel in einer Kasserolle bei Mittelhitze anrösten und die Zwiebel darin anlaufen lassen. Die Kürbiswürfel zugeben, mit dem Zucker und Pfeffer würzen und mit der Fleischbrühe aufgießen. Bei geöffnetem Topf schmoren, bis das Gemüse gar und die Flüssigkeit fast verdampft ist. Das dauert 15–20 Minuten. Den Dill und die Crème fraîche unterrühren, noch einige Minuten ziehen lassen.
Das Kürbisgemüse ist eine feine Beilage zu Fleisch und Geflügel.

Zucchini

Noch vor wenigen Jahren wurden sie bei uns als Exoten gehandelt, doch inzwischen haben Zucchini einen festen Platz in unserem täglichen Gemüseangebot. Sie gehören zur Familie der Kürbisgewächse, sind also so eine Art Miniaturkürbis, wenngleich sie im eigenen Garten zu respektabler Größe heranwachsen können. Gehandelt werden aber meist kleine bis mittlere Größen zwischen 150 und 300 g pro Stück. Zucchini sind ein sehr variables Gemüse, ihr zarter Geschmack paßt sich leicht an, und die Verarbeitung ist problemlos. Die Haut und die winzigen Samenkerne können bedenkenlos mitverwendet und gegessen werden. Das Zucchini-Angebot verteilt sich gleichmäßig übers Jahr, jedoch ist die Sommer- und Herbstware, die meist aus Italien und Deutschland kommt, besonders frisch und empfehlenswert.

Gefüllte Zucchini

Zutaten für 4 Portionen:

4 Zucchini von je etwa 200 g
120 g Zwiebeln
½ Knoblauchzehe
1 Eßl. Olivenöl
500 g gemischtes Hackfleisch
150 g Bergkäse oder Emmentaler Käse
1 Teel. Salz
etwas frisch gemahlener Pfeffer
1 Teel. edelsüßes Paprikapulver
2 Eier
1 Eßl. gehacktes Basilikum
½ Teel. getrockneter Thymian
4 Eßl. Semmelbrösel
75 g Butter

Vorbereitungszeit: 40 Minuten
Garzeit: 20–25 Minuten

Die Zucchini gründlich waschen, von Blütenansatz und Stiel befreien, dann längs halbieren. Die Zwiebeln schälen und sehr fein hacken. Die Knoblauchzehe schälen und zerdrücken. Das Olivenöl in einer Pfanne erhitzen, die Zwiebeln und den Knoblauch darin hell anlaufen lassen. Das Hackfleisch in eine Schüssel geben, den Käse sehr klein würfeln und mit den angeschwitzten Zwiebeln dazugeben. Mit dem Salz, Pfeffer und dem Paprikapulver würzen. Zum Schluß die Eier, das Basilikum und den Thymian zufügen. Alles zu einem sehr weichen Fleischteig rühren. Die Füllung auf den acht Zucchinihälften verteilen. Mit den Semmelbröseln bestreuen und mit 50 g zerlassener Butter beträufeln. Die gefüllten Zucchini in eine gefettete feuerfeste Form setzen und in dem auf 200 °C vorgeheizten Backofen 20–25 Minuten garen.
Mit Tomatensauce (im Rezept Seite 58) servieren.

Tomaten-Zucchini-Auflauf

Bild auf Seite 2

Zutaten für 4 Portionen:

350 g Zucchini
350 g Tomaten
100 g Zwiebeln
400 g gemischtes Hackfleisch
100 g gekochter Reis
½ Teel. Salz
1 Eßl. gehacktes Basilikum
frisch gemahlener Pfeffer
1 Ei
80 g Butter
60 g geriebener Parmesankäse

Vorbereitungszeit: 20–25 Minuten
Garzeit: 40 Minuten

Die Zucchini und Tomaten waschen, abtrocknen und in Scheiben schneiden. Die Zwiebeln schälen und würfeln. Das Hackfleisch mit den Zwiebelwürfeln, dem Reis, den Gewürzen und dem Ei mischen. Eine feuerfeste Form mit etwa 25 g Butter ausstreichen und eine Lage aus Tomaten- und Zucchinischeiben einschichten. Darauf die Hackfleischmasse verteilen und mit den restlichen Gemüsescheiben abdecken. In dem auf 200 °C vorgeheizten Backofen 20 Minuten garen. Dann mit dem Käse bestreuen und mit der restlichen Butter in Flöckchen belegen. Weitere 20 Minuten backen lassen.

Zuckermais

Mais als Frischgemüse ist bei uns erst seit einigen Jahren im Handel und bei weitem noch nicht so populär wie jenseits des Atlantiks, obwohl der aus Amerika stammende Getreidemais schon seit dem 17.Jahrhundert in Italien kultiviert wird. Als Maisgrieß wird er zur volkstümlichen Polenta gekocht und ist so über die Grenzen Italiens hinaus in ganz Europa bekannt geworden. Zumindest als Konserve erfreut sich der gekochte Zuckermais schon seit den frühen 50er Jahren bei uns größter Beliebtheit.

Mais-Pfannkuchen

Im Bild vorne

Zutaten für 4 Portionen:
⅛ l Milch
2 Eier
2 Eßl. Mehl
½ Teel. Salz
etwas frisch gemahlener Pfeffer
4 Zuckermaiskolben
reichlich Butter oder Öl
zum Ausbacken

Zubereitungszeit: 50–60 Minuten

Die Milch und die Eier mit dem Mehl zu einem Pfannkuchenteig verrühren und mit Salz und Pfeffer würzen. Die Maiskolben aus der Blätterhülle lösen, die Fasern entfernen, die Kolben waschen und abtrocknen. Die Körner mit einem kräftigen Messer, vom Stiel ausgehend, zur Spitze hin von den Kolben schaben. Die Maiskörner unter den Teig mischen. Butter oder Öl in einer kleinen Pfanne erhitzen. Von der Masse 1 gehäuften Eßlöffel voll ins Fett geben, etwas glattstreichen und von beiden Seiten knusprig braun braten. Dabei kann es schon mal vorkommen, daß ein Maiskorn wie Popcorn explodiert.

Maisauflauf

Im Bild hinten

Zutaten für 4 Portionen:
5 Zuckermaiskolben
½ l Fleischbrühe
60 g Zwiebel
250 g Tomaten
150 g gekochter Schinken
1 rote Paprikaschote
40 g Butter
½ Teel. Salz
15 Tropfen Tabasco
Butter zum Ausstreichen
der Form
10 schwarze Oliven
2 Eier
100 g geriebener
Emmentaler Käse
2 Eßl. Semmelbrösel
40 g Butter in Flöckchen

Vorbereitungszeit: 40–50 Minuten
Garzeit: 30–40 Minuten

Die Maiskörner, wie im nebenstehenden Rezept, von den Kolben lösen. Die Körner in der Fleischbrühe 5–6 Minuten kochen, dann abtropfen lassen. Die Zwiebel schälen und würfeln. Von den Tomaten die Stielansätze entfernen und die Tomaten mit Schale und Kernen in Stücke schneiden. Den gekochten Schinken würfeln. Die Paprikaschote von Stiel und Kernen befreien, dann ebenfalls würfeln. Die Butter in einer entsprechend großen Pfanne erhitzen und die Zwiebelwürfel darin glasig anschwitzen. Die Tomaten-, Schinken- und Paprikawürfel zu den Zwiebelwürfeln geben, mit dem Salz und dem Tabasco würzen und etwa 5 Minuten dünsten. Die Hälfte der vorgekochten Maiskörner daruntermischen. Eine Auflaufform mit Butter ausstreichen und die Mischung einfüllen. Die Oliven entkernen und würfeln. Die restlichen Maiskörner mit den Eiern, dem Käse sowie den Oliven mischen und als zweite Schicht in die Form füllen. Mit den Semmelbröseln bestreuen und mit Butterflöckchen belegen. Im vorgeheizten Backofen bei 200 °C 30–40 Minuten backen.

Auberginen

Die »Eggplants« (also Eierfrüchte), wie sie im Englischen genannt werden, stammen aus Südostasien. Sie werden dort in den unterschiedlichsten Formen und Farben kultiviert. Nach Europa kam die Aubergine im 17. Jahrhundert und wurde zu einer typischen Frucht der Mittelmeerländer. Sie ist ganzjährig auf dem Markt.

Auberginen »Imam bayildi«

Im Bild vorne

Zutaten für 4 Portionen:
4 mittelgroße Auberginen
3 Zwiebeln · 500 g Tomaten
2 Knoblauchzehen
5 Eßl. Olivenöl
1 Lorbeerblatt
1 Eßl. gehackte Petersilie
1 Teel. Salz
1 Messerspitze Zucker
1 Stück Zimtstange
50 g gehackte Mandeln

Vorbereitungszeit: etwa 1 Stunde
Garzeit: 15–20 Minuten

Die Auberginen im vorgeheizten Backofen bei 200 °C etwa 15 Minuten rösten. Dabei öfters wenden. Herausnehmen und die Haut abziehen. Die Auberginen längs halbieren und so aushöhlen, daß ein etwa 2 cm dicker Rand stehenbleibt. Das herausgelöste Fruchtfleisch kleinschneiden. Die Zwiebeln schälen und in dünne Ringe schneiden. Die Tomaten kurz überbrühen, häuten und kleinschneiden. Die Knoblauchzehen schälen und durch die Knoblauchpresse drücken. Knapp die Hälfte des Öls in einer Pfanne erhitzen und die Zwiebelringe darin kurz anbraten. Die Tomatenstücke und den Knoblauch zugeben und zugedeckt 5 Minuten dünsten. Dann die Kräuter, die Gewürze und das kleingeschnittene Auberginenfruchtfleisch zugeben. 10 Minuten weiterdünsten. Das Lorbeerblatt und die Zimtstange entfernen und die gehackten Mandeln unterrühren.
Die Auberginenhälften in eine geölte feuerfeste Form legen und die Füllung darauf verteilen. Mit dem restlichen Öl beträufeln. Im vorgeheizten Backofen bei 180 °C 15–20 Minuten backen.

Türkische Auberginenpfanne

Im Bild hinten

Zutaten für 4 Portionen:
500 g Auberginen
Salz · 3 Zwiebeln
1 Knoblauchzehe
3 Tomaten
750 g Lammschulter ohne Knochen
3 Eßl. Butter
3 Eßl. Olivenöl
grob gemahlener schwarzer Pfeffer
½ l heiße Fleischbrühe
1 Eßl. gehackte Petersilie

Vorbereitungszeit: 50 Minuten
Garzeit: 1 Stunde

Die Auberginen waschen, von den Stielansätzen befreien und in Würfel schneiden. In einer Schüssel mit 1 Eßlöffel Salz mischen; 30 Minuten ziehen lassen. Die Zwiebeln schälen und würfeln, die Knoblauchzehe schälen und zerdrücken. Die Tomaten kurz überbrühen, häuten und in Stücke schneiden. Das Lammfleisch in Würfel schneiden. Die Butter und das Öl in einer entsprechend großen Deckelpfanne erhitzen. Die Auberginenwürfel abspülen, trockentupfen und in dem Fett von allen Seiten hellbraun braten. Herausnehmen und auf Küchenpapier abtropfen lassen. Die Fleischwürfel im verbliebenen Fett kräftig anbraten, herausnehmen und beiseite stellen. Die Zwiebelwürfel in der Pfanne goldgelb braten. Die Tomatenstücke und den Knoblauch zugeben, 5 Minuten dünsten, dann das Fleisch daruntermischen. Mit 1 Teelöffel Salz und mit Pfeffer würzen, mit der Fleischbrühe auffüllen und zugedeckt bei milder Hitze 30 Minuten garen. Dann die Auberginenwürfel zugeben und alles weitere 30 Minuten garen. Zum Schluß mit der gehackten Petersilie bestreuen.

Gefüllte Auberginen

Im Bild vorne

Zutaten für 4 Portionen:
4 Auberginen
100 g Zwiebeln
1 Knoblauchzehe
½ Paprikaschote
250 g Lammfleisch
150 g Tomaten
⅛ l Olivenöl
½ Teel. Salz
2 Teel. edelsüßes Paprikapulver
1 Messerspitze Kreuzkümmel
1 Messerspitze Piment
1 Messerspitze Cayennepfeffer
Butter zum Ausstreichen der Form
¼ l Fleischbrühe

Vorbereitungszeit: 50 Minuten
Garzeit: 20 Minuten

Die Auberginen waschen und abtrocknen. Den Stielansatz abschneiden und die Früchte mit einem kleinen Messer in etwa 1 cm breiten Abständen längs einschneiden. Dann mit dem Messer jeden zweiten Schalenstreifen ablösen. An den geschälten Stellen zusätzlich mit dem Messer mehrmals einstechen, damit sie später beim Braten Öl aufnehmen können. Die Zwiebeln schälen und feinhacken, die Knoblauchzehe schälen und zerdrücken. Die Paprikaschote würfeln. Das Lammfleisch in ganz kleine Würfel schneiden oder hacken. Die Tomaten kurz überbrühen, häuten und zerdrücken. Das Öl in einer entsprechend großen Pfanne erhitzen und die Auberginen unter ständigem Wenden von allen Seiten darin anbraten. Von dem Bratöl 2 Eßlöffel in eine andere Pfanne geben, darin die feingehackte Zwiebel und den Knoblauch hell anschwitzen, dann die Paprikawürfel kurz mitbraten. Das Lammfleisch dazugeben. Bei guter Hitze 2–3 Minuten anbraten. Dann die Tomaten zugeben. Mit dem Salz und den Gewürzen sehr pikant abschmecken. In die Auberginen längs einen tiefen Einschnitt machen und diese Öffnung etwas auseinanderdrücken. Darin die Füllung verteilen. Eine feuerfeste Form mit Butter ausstreichen. Die Auberginen hineinsetzen. Mit der Fleischbrühe begießen und im vorgeheizten Backofen bei 200 °C etwa 20 Minuten garen.

Auberginen-Tomaten-Auflauf

Im Bild hinten

Zutaten für 4 Portionen:
750 g Auberginen
3 Eßl. Öl
⅜ l Hühnerbrühe
1 Teel. Salz
etwas frisch gemahlener Pfeffer
1 Brötchen
1 Zwiebel · 30 g Butter
1 Eßl. Petersilie
1 Teel. getrockneter Oregano
4 Tomaten
80 g Emmentaler Käse
30 g geriebener Parmesankäse

Vorbereitungszeit: 40 Minuten
Garzeit: 40 Minuten

Die Auberginen schälen und in etwa 1 cm dicke Scheiben schneiden. In einem großen, flachen Topf das Öl erhitzen, die Auberginenscheiben darin verteilen, mit ¼ l Hühnerbrühe übergießen, salzen, pfeffern und 10–12 Minuten garen; dann herausnehmen, abtropfen lassen und im Mixgerät pürieren. Das Brötchen in dünne Scheiben schneiden und in ⅛ l Hühnerbrühe einweichen. Die Zwiebel schälen und feinhacken. Die Butter in einer Pfanne zerlassen und die Zwiebel darin hell anschwitzen. Das eingeweichte Brötchen, die Petersilie und den Oregano zugeben und diese Mischung mit dem Auberginenpüree verrühren. Die Tomaten in Scheiben schneiden. Eine Auflaufform mit einer Schicht Tomatenscheiben auslegen und darauf das Auberginenpüree verstreichen. Mit einer Schicht Tomatenscheiben abdecken. Bei 200 °C in den vorgeheizten Backofen schieben und etwa 20 Minuten backen. Den Emmentaler Käse in kleine Würfel schneiden. Den Auflauf aus dem Ofen nehmen. Den Emmentaler mit dem geriebenen Parmesan mischen und über den Auflauf streuen. Nochmals 20 Minuten garen.

Tomaten

Wer auf Qualität Wert legt, der sollte grundsätzlich nur Freilandtomaten verwenden. Sie sind ungleich würziger im Geschmack als die Treibhaussorten. Freilandtomaten gibt es von April bis Oktober aus verschiedenen Anbaugebieten.

Tomaten, mit Spinat gefüllt

Im Bild vorne

Zutaten für 4 Portionen:

400 g frischer, junger Spinat
1 kleine Zwiebel (60 g)
50 g Butter oder Margarine
3 Eßl. Sahne
etwas Salz
1 Prise geriebene Muskatnuß
40 g gehackte Walnußkerne
4 Tomaten (200 g)
Salz · frisch gemahlener Pfeffer
Butter für die Form
50 g geriebener Käse (Parmesan- mit Emmentaler Käse gemischt)
50 g Butter

Vorbereitungszeit: 30–40 Minuten
Garzeit: etwa 15 Minuten

Den Spinat gründlich verlesen, Wurzeln und harte Stengel entfernen und die Blätter waschen. Tropfnaß in einen Topf geben und unter Rühren etwa 10 Minuten dünsten. Dann in ein Sieb geben und abtropfen lassen. Die Zwiebel schälen, feinwürfeln und in der erhitzten Butter oder Margarine hell anbraten. Den Spinat grobhacken, zu den Zwiebeln geben und kurz miterhitzen. Die Sahne einrühren, mit Salz und dem Muskat abschmecken. Die Walnüsse untermischen.
Die Tomaten waschen, das obere Drittel abschneiden und die Tomaten aushöhlen. Mit Salz und Pfeffer ausstreuen und die Spinatmasse in die Tomaten füllen. Eine flache feuerfeste Form mit Butter ausstreichen und die gefüllten Tomaten hineinsetzen. Mit dem Käse bestreuen und mit Butterflöckchen belegen. Im vorgeheizten Backofen bei 200 °C etwa 15 Minuten überbacken.

Brattomaten aus der Provence

Im Bild hinten

Sie passen zu fast allen Fleischgerichten, und selbst zu verschiedenen Fischspeisen kann man sie trotz ihres deftigen Knoblaucharomas servieren.

Zutaten für 4 Portionen:

4 mittelgroße Tomaten
3 Eßl. Öl
30 g Schalotten
2 Eßl. gehackte Petersilie
1 Eßl. gehacktes Basilikum
1 Teel. gehackter Salbei
einige Rosmarinnadeln
2 Knoblauchzehen
¼ Teel. Salz
etwas frisch gemahlener Pfeffer
2 Eßl. Semmelbrösel
50 g Butter

Vorbereitungszeit: 15–20 Minuten
Garzeit: 12–15 Minuten

Die Tomaten waschen, vom Stielansatz befreien und quer halbieren. In einer Pfanne oder feuerfesten Form das Öl verteilen. Die Tomaten mit der Schnittfläche nach oben hineinsetzen. Die Schalotten schälen, sehr fein hakken und mit den Kräutern mischen. Die Knoblauchzehen schälen, zerdrücken und mit dem Salz, dem Pfeffer sowie den Semmelbröseln zur Kräutermischung geben. Diese auf die Schnittflächen der Tomaten verteilen (man kann die Tomaten auch ein wenig aushöhlen, um für die Füllung besser Platz zu haben) und darauf die Butterflöckchen streuen. Im vorgeheizten Backofen bei 220 °C 12–15 Minuten gratinieren (überbacken).

Paprika-Tomaten-Pfanne

Selten passen zwei Gemüsesorten so vorzüglich zusammen wie Tomaten und Paprika. Werden die beiden gemischt, dann kann's nur gut schmecken.

Zutaten für 4 Portionen:
120 g Zwiebeln
2 Knoblauchzehen
2 Eßl. Olivenöl
3 grüne oder rote Paprikaschoten
120 g gekochter Schinken
400 g Tomaten
1 Teel. Salz
etwas frisch gemahlener Pfeffer
1 Teel. edelsüßes Paprikapulver
1 Eßl. gehackte Petersilie
1 Teel. getrockneter Oregano
2 Eßl. Semmelbrösel
150 g tiefgefrorene Erbsen
Butter für die Form
200 g Räucherwurst

Vorbereitungszeit: 40–50 Minuten
Garzeit: 15–20 Minuten

Die Zwiebeln schälen und in feine Würfel schneiden. Die Knoblauchzehen schälen und zerdrükken. Die Paprikaschoten waschen, die Kerne entfernen und das Fruchtfleisch in Würfel schneiden. Den Schinken ebenfalls würfeln. Das Öl in einer entsprechend großen Pfanne erhitzen. Die Zwiebelwürfel und den Knoblauch darin hell anlaufen lassen. Die Paprika- und die Schinkenwürfel in die Pfanne geben und bei guter Hitze 5–6 Minuten garen. Die Tomaten kurz überbrühen, häuten und das Fruchtfleisch in Würfel schneiden. Zur Paprikamischung in die Pfanne geben. Mit dem Salz, Pfeffer, dem Paprikapulver, der Petersilie und dem Oregano würzen. Etwa 10 Minuten köcheln lassen, dann die Semmelbrösel darunterrühren. Zum Schluß die Erbsen zufügen. Eine feuerfeste Auflaufform mit Butter ausstreichen und die Masse einfüllen. Die Räucherwurst in Scheiben schneiden und daruntermischen oder die Oberfläche damit belegen. Im vorgeheizten Backofen bei 200 °C 15–20 Minuten backen.
Zu diesem pikanten Gemüseauflauf passen Spiegeleier ganz hervorragend.

Ungarisches Tomaten-Paprika-Gemüse

Ohne Abbildung

Von dieser Kombination gibt es viele Rezepte. Das nachfolgende ist ebenso einfach wie schmackhaft.

Zutaten für 4 Portionen:
500 g Tomaten
300 g grüne Paprikaschoten
80 g durchwachsener Räucherspeck
25 g Butter
120 g Zwiebeln
1 Teel. Salz
⅛ l kräftiger Rotwein
2 Eßl. saure Sahne

Vorbereitungszeit: 30–40 Minuten
Garzeit: 20–30 Minuten

Die Tomaten waschen, den Stielansatz herausschneiden und die Früchte in Würfel schneiden. Die Paprikaschoten waschen, den Stiel abschneiden und die Kerne entfernen. Das Fruchtfleisch in größere Stücke schneiden. Den Speck in kleine Würfel schneiden. Die Zwiebeln schälen und würfeln. Die Speckwürfel mit der Butter in einer entsprechend großen Kasserolle erhitzen. Dann die Zwiebelwürfel zufügen und unter ständigem Rühren hell anlaufen lassen. Die Tomaten- und Paprikastücke zugeben, salzen und den Rotwein angießen. Das Gemüse zugedeckt 20–30 Minuten garen. Vor dem Servieren die saure Sahne darübergeben.

Paprikaschoten

Es gibt grüne, rote und gelbe Paprikaschoten. Die grünen schmecken leicht scharf, sind meist am preiswertesten und ganzjährig zu haben. Rote und gelbe Schoten sind milder im Geschmack und haben von August bis Oktober Saison.

Paprikaschoten mit Fleischfüllung

Im Bild vorne

Zutaten für 4 Portionen:
4 gelbe Paprikaschoten
250 g gemischtes Hackfleisch
100 g Zwiebeln
½ Knoblauchzehe
1 Eßl. gehackte Petersilie
½ Teel. Salz
etwas frisch gemahlener Pfeffer
2 Eier
50 g Butter für die Form
eventuell saure Sahne
Für die Tomatensauce:
100 g Zwiebeln
500 g sehr reife Tomaten
3 Eßl. Öl
⅛ l Fleischbrühe
½ Teel. Zucker · ½ Teel. Salz
etwas frisch gemahlener Pfeffer
1 Teel. gehacktes Basilikum

Vorbereitungszeit: 60–70 Minuten
Garzeit: 35–40 Minuten

Die Paprikaschoten waschen und die Deckel abschneiden. Den Stiel dabei herausziehen. Die Kerne und Zwischenhäute sorgfältig entfernen. Die Zwiebeln schälen und hacken. Die Knoblauchzehe zerdrücken. Das Hackfleisch mit den feingehackten Zwiebeln, dem Knoblauch, der Petersilie, dem Salz und Pfeffer gut verkneten und zum Schluß die Eier darunterarbeiten. Die Füllung auf die 4 Schoten verteilen und hineindrücken. Dann die Deckel wieder daraufsetzen. Eine entsprechend große Auflaufform mit der Butter ausstreichen und die Paprikaschoten hineinsetzen.
Für die Sauce die Zwiebeln schälen und würfeln. Die Tomaten in Würfel schneiden. Das Öl in einer Kasserolle erhitzen, darin die Zwiebelwürfel anschwitzen. Dann die Tomatenwürfel zugeben. Mit der Fleischbrühe aufgießen. Mit dem Zucker, dem Salz, Pfeffer und dem Basilikum würzen. Die Sauce bei offenem Topf 15–20 Minuten kochen lassen. Während die Sauce kocht, die Paprikaschoten in den auf 200 °C vorgeheizten Backofen schieben und 15 Minuten garen. Die fertige Sauce durch ein Sieb passieren. Die Form aus dem Ofen nehmen und die Tomatensauce zu den Paprikaschoten gießen. Weitere 20–25 Minuten garen.
Sehr gut schmeckt es, wenn man auf jede Paprikaschote vor dem Servieren einen Klecks saure Sahne gibt. Dazu paßt Reis oder Salzkartoffeln.

Paprikaschoten mit Käsefüllung

Im Bild hinten

Zutaten für 4 Portionen:
4 rote Paprikaschoten
150 g Schafkäse
(griechischer Fetakäse)
1 Ei · eventuell saure Sahne
Butter für die Form
½ Teel. Salz · 4 Eßl. Öl

Vorbereitungszeit: 40–50 Minuten
Garzeit: 30–40 Minuten

Die Paprikaschoten waschen, abtrocknen, nebeneinander auf ein Backblech legen und in den auf 200 °C vorgeheizten Backofen schieben. So lange rösten, bis sie sich dunkelbraun gefärbt haben und die Haut aufspringt. Die Schoten etwa 10 Minuten in einem geschlossenen Topf stehen lassen. Dann die Haut abziehen, die Schoten längs aufschneiden und auseinanderklappen. Kerne und Rippen entfernen. Den Käse mit einer Gabel zerdrücken und das Ei unterrühren. Der Käse soll sämig und nicht fest sein. Eventuell etwas saure Sahne zufügen. Die Schoten mit der Käsemasse füllen, zusammenklappen, mit der Öffnung nach oben in eine gefettete feuerfeste Form legen, mit dem Salz bestreuen und mit dem Öl beträufeln. Bei 180 °C im Backofen 30–40 Minuten garen. Zu diesem einfachen, aber sehr schmackhaften Gericht schmeckt frisches Weißbrot am besten.

Kartoffeln

Obwohl die Kartoffel zu unseren wichtigsten Grundnahrungsmitteln gehört, wird sie doch selten als »Gemüse« akzeptiert.
Achten Sie beim Einkauf sehr darauf, wirkliche Qualität zu erstehen. In Plastikbeutel verpackte Sorten sollten Sie ignorieren. Kartoffeln dürfen keine weichen oder grünen Stellen aufweisen und natürlich nicht keimen. Sie müssen sich fest und knackig anfühlen, dürfen keine Runzeln haben und auch keinesfalls irgendwelche Verletzungen der Schale. Auch kleine Mengen kühl und luftig aufbewahren.

Soufflé-Kartoffeln

Zutaten für 6 Portionen:
6 mittelgroße mehlige Kartoffeln
Außerdem:
Öl für die Alufolie
Butter für die Form
Für die Füllung:
30 g Butter · 2 Eigelbe
3 Eßl. Sahne · ½ Teel. Salz
frisch gemahlener Pfeffer
etwas geriebene Muskatnuß
2 Eiweiße

Vorbereitungszeit: 30–40 Minuten
Garzeit: etwa 45 Minuten

Die Kartoffeln unter fließendem Wasser kräftig abbürsten. Für jede Kartoffel ein entsprechend großes Stück Alufolie zurechtschneiden, mit Öl bepinseln und jede Kartoffel so einwickeln, daß sie luftdicht verpackt ist. Im vorgeheizten Backofen bei 220 °C auf der Mittelschiene etwa 45 Minuten backen lassen.
Die garen Karoffeln aus der Folie wickeln und auskühlen lassen. Von der flachen Seite etwa ¼ abschneiden und die Kartoffeln mit einem entsprechend großen, möglichst scharfen Löffel so weit aushöhlen, daß ein etwa 1 cm starker Rand stehen bleibt. Die Butter in Stückchen in die 6 Kartoffeln verteilen. Das Ausgehöhlte durch ein feines Sieb streichen, dann mit den Eigelben, der Sahne, dem Salz, Pfeffer und Muskat zu einer cremigen Masse rühren. Die Eiweiße zu steifem Schnee schlagen und unter die Kartoffelmasse ziehen. Die Mischung in die ausgehöhlten Kartoffeln füllen. Die Kartoffeln in eine mit Butter ausgestrichene Auflaufform setzen und bei 220 °C so lange im Ofen lassen, bis sie schön aufgegangen und knusprig braun sind. Diese Soufflé-Kartoffeln sind ein raffinierter Imbiß, wenn man sie mit einer Kräuter-Vinaigrette serviert. Sie können aber ebenso eine delikate Beilage zu Fleisch oder Fisch sein.

Speckkartoffeln

Ohne Abbildung

Zutaten für 4 Portionen:
1 kg festkochende Kartoffeln
120 g durchwachsener Räucherspeck
100 g Zwiebeln
1 Teel. Salz
etwas frisch gemahlener Pfeffer
eventuell 120 g geriebener Emmentaler Käse
1 Eßl. kleingeschnittener Schnittlauch

Zubereitungszeit: 40–45 Minuten

Die Kartoffeln schälen und auf dem Gurkenhobel in hauchdünne Scheiben hobeln. Den Speck kleinwürfeln. Die Zwiebeln schälen und ebenfalls würfeln. Die Speckwürfel in einer Pfanne auslassen und aus dem Fett nehmen, bevor sie braun werden. Die Zwiebelwürfel im Speckfett hell anlaufen lassen, dann die Kartoffeln zugeben. Mit dem Salz und Pfeffer würzen und zugedeckt ohne zu wenden 10–15 Minuten garen. Dann den Deckel abnehmen und die Kartoffeln mehrmals wenden, damit die gebräunte Unterseite nach oben kommt. Die Speckwürfel zufügen und alles unter Wenden so lange braten, bis die Kartoffeln knusprig braun sind. Sie können nun serviert oder noch mit geriebenem Käse bestreut werden. Den Käse bei geschlossenen Deckel schmelzen lassen. Mit dem Schnittlauch bestreuen.

Kartoffelauflauf

Zutaten für 4 Portionen:
800 g möglichst gleichgroße festkochende Kartoffeln
500 g Tomaten
4 hartgekochte Eier
1 Döschen Sardellenfilets
50 g Margarine
1 Teel. Salz
¼ Teel. frisch gemahlener Pfeffer
¼ l saure Sahne
1 Eßl. gehackte Petersilie
1 Eßl. kleingeschnittener Schnittlauch

Vorbereitungszeit: 50–60 Minuten
Garzeit: 30–40 Minuten

Die Kartoffeln mit der Schale kochen. Dann abziehen, abkühlen lassen und in Scheiben schneiden. Die Tomaten waschen, abtrocknen und ebenfalls in Scheiben schneiden. Die Eier schälen und mit dem Eischneider in Scheiben schneiden. Die Sardellenfilets auf Küchenpapier gut abtropfen lassen. Eine entsprechend große feuerfeste Form dick mit der Margarine ausstreichen. Die Kartoffel-, Tomaten- und Eischeiben in die Form schichten. Mit dem Salz und dem Pfeffer würzen. Die Sardellenfilets dazwischen verteilen. Die saure Sahne mit den Kräutern verrühren und über die eingeschichteten Zutaten gießen. Den Auflauf im vorgeheizten Backofen bei 200 °C 30–40 Minuten garen. Mit einem kühlen Bier servieren. Ein knackiger Salat rundet die Mahlzeit ab.

Kartoffelgulasch

Ohne Abbildung

In Ungarn bereitet man dieses Gericht oft ohne Fleisch zu, und es heißt dann Kartoffelpaprikasch. Mit Schweinefleisch wird es zu einem sehr schmackhaften Eintopf. Man verwendet dazu eine festkochende Kartoffelsorte, die auch noch im gegarten Zustand ihre Form behält. Wer die Sauce etwas gebunden und sämig haben will, sollte eine mehlige Kartoffelsorte wählen, die beim Garen etwas zerfällt.

Zutaten für 4 Portionen:
800 g Kartoffeln
1 Teel. Salz
100 g Zwiebeln
50 g Karotten/Möhren
½ Petersilienwurzel
1 Stange Lauch/Porree
50 g Butter
1 gehäufter Eßl. edelsüßes Paprikapulver
400 g Schweinefleisch aus der Schulter, leicht durchwachsen
¾ l Fleischbrühe
1 Eßl. gehackte Petersilie
⅛ l saure Sahne

Zubereitungszeit: etwa 1 Stunde

Die Kartoffeln schälen und in etwa 1½ cm große Würfel schneiden. In eine Schüssel geben und mit dem Salz bestreuen. Die Zwiebeln schälen und hacken. Die Karotten, die Petersilienwurzel und die Lauchstange putzen. Die Karotten und die Petersilienwurzel ganz fein würfeln, den Lauch in dünne Scheiben schneiden. Die Butter in einer entsprechend großen Kasserolle zerlaufen lassen und die feingehackten Zwiebeln darin hell anschwitzen. Die Karotten- und Petersilienwürfel sowie die Lauchscheiben zu den Zwiebeln geben und mit dem Paprikapulver bestreuen. Alles bei guter Hitze 3–4 Minuten dünsten. Das Fleisch in Würfel schneiden und dazugeben. Weitere 5–6 Minuten dünsten. Dann die gesalzenen Kartoffelwürfel und die Fleischbrühe zufügen. Alles zugedeckt bei Mittelhitze etwa 15 Minuten garen. Zwischendurch einmal umrühren und nach Ende der Garzeit prüfen, ob Fleisch und Kartoffeln weich sind. Sollte zuviel Flüssigkeit verdampfen, kann man Wasser oder Fleischbrühe nachgießen. Das Gulasch zum Schluß mit der Petersilie bestreuen und die saure Sahne darunterrühren. Noch einige Minuten durchziehen lassen.

Ratatouille

Dieser klassische französische Gemüseeintopf stammt aus Nizza.

Zutaten für 4 Portionen:
2 mittelgroße Auberginen
(450–500 g)
3 Zucchini (etwa 250 g)
250 g Tomaten
je 1 rote und grüne Paprikaschote
80 g Zwiebeln
2 Knoblauchzehen
5 Eßl. Olivenöl
80 g Staudensellerie, geputzt
⅛ l Weißwein · 1 Lorbeerblatt
1 Teel. gehackter Thymian
2 Teel. gehackte Petersilie
etwas frisch gemahlener Pfeffer
1 Teel. Salz · ¼ l Fleischbrühe

Vorbereitungszeit: etwa 1 Stunde
Garzeit: 1 Stunde und 20–30 Minuten

Die Auberginen und die Zucchini waschen. Von den Auberginen die Stielenden abschneiden. Die Früchte ungeschält in etwa 2 cm große Würfel schneiden. Die Zucchini in dünne Scheiben schneiden. Die Tomaten kurz überbrühen, häuten und die Stielansätze herausschneiden. Das Fruchtfleisch in große Würfel schneiden. Die Paprikaschoten halbieren, von Stielen und Kernen befreien, dann in kleine Würfel schneiden. Die Zwiebeln schälen und hakken. Die Knoblauchzehen schälen und zerdrücken. Das Olivenöl erhitzen. Die Zwiebeln und den Knoblauch darin hell anlaufen lassen. Den Staudensellerie ganz fein hacken und zusammen mit dem Weißwein, dem Lorbeerblatt, dem Thymian, der Petersilie, Pfeffer und dem Salz zugeben. 3–4 Minuten dünsten. Dann die vorbereiteten Gemüse hineingeben. Die Fleischbrühe zugießen und das Gericht zugedeckt bei sehr geringer Hitze etwa 1 Stunde köcheln lassen. Danach bei offenem Topf die Flüssigkeit noch etwa 25 Minuten einkochen lassen.

Gemüsetopf nach italienischer Art

Bild auf der Einband-Vorderseite

Im Gegensatz zur Ratatouille, die so richtig eingekocht wird und bei der das Gemüse am »Zerfallen« ist, soll dieses gemischte Gemüse noch knackig sein, »al dente«, wie die Italiener es lieben.

Zutaten für 4 Portionen:
250 g Zwiebeln
1 Knoblauchzehe
4 Eßl. feines Olivenöl
1 Teel. gehackte Peperoni
(Chilischote)
½ l gute Fleischbrühe
300 g Auberginen
300 g Zucchini
200 g gelbe Paprikaschoten
200 g rote Paprikaschoten
300 g junge grüne Bohnen
1 Teel. Salz
etwas frisch gemahlener Pfeffer
2 Eßl. gemischte, gehackte
Kräuter (Petersilie, Salbei,
Thymian, Rosmarin und Melisse)

Zubereitungszeit: 60–70 Minuten

Die Zwiebeln schälen und in dünne Scheiben schneiden. Die Knoblauchzehe schälen und zerdrücken. Das Öl in einer entsprechend großen Kasserolle erhitzen. Die Zwiebelscheiben, den Knoblauch und die sehr fein gehackte Peperoni darin unter Rühren hell anrösten. Dann mit der Fleischbrühe aufgießen und bei Mittelhitze und offenem Topf so lange garen, bis die Flüssigkeit etwa zur Hälfte reduziert ist. Die Aubergine waschen, das Stielende abschneiden und die Frucht in Stücke schneiden. Von den Zucchini ebenfalls das Stielende abschneiden, die Zucchini in Scheiben schneiden. Die Paprikaschoten von Stielen und Kernen befreien und in Streifen schneiden. Die Bohnen putzen und, wenn nötig, halbieren. Die Gemüse in dieser Reihenfolge zu den Zwiebeln geben und jeweils 1–2 Minuten angaren, bevor die nächste Sorte dazukommt. Dann mit dem Salz, Pfeffer und den Kräutern würzen und bei guter Hitze und unter öfterem Wenden im offenen Topf garen. Das dauert je nachdem, wie weich man es möchte, zwischen 20 und 25 Minuten.

Gemüse vom Grill

Für verschiedene Gemüsesorten ist Grillen eine ideale Garmethode. Denn beim Grillen über offenem Feuer oder unter der Heizschlange des Elektrogrills wird das Gemüse unmittelbar einer starken, trockenen Hitze ausgesetzt, die Oberfläche schließt sich schnell und wird knusprig, im Inneren bleibt die Feuchtigkeit weitgehend erhalten. Zu den Gemüsesorten, die sich ganz besonders gut für diese Garmethode eignen, gehören Zucchini und Auberginen, Tomaten, Paprikaschoten, Maiskolben, große Champignons, Zwiebeln, Artischocken, Fenchel und Kartoffeln.
Ganz köstlich schmeckt gegrilltes Gemüse natürlich, wenn man es über Holzkohle garen kann, denn da läßt sich das Aroma noch beliebig beeinflussen durch Zugabe von Kräutern wie einem Zweig Rosmarin, einigen Lorbeerblättern, Thymian oder Oregano.
Gleichgültig, ob es unter dem Elektrogrill in der Küche oder im Garten über dem Holzkohlenfeuer gegrillt wird, das Gemüse muß entsprechend vorbereitet werden. Große Stücke sollte man teilen, damit die Hitze gleichmäßig durchdringen kann. Die Stükke werden mit reichlich Öl eingepinselt, damit sie nicht am Grillrost haften bleiben und mit gehackten Kräutern, Pfeffer und Salz bestreut. Man kann aber auch eine Marinade bereiten und darin die Gemüseteile etwa 30 Minuten marinieren. Die Marinade sollte ebenfalls mit Salz und Pfeffer gewürzt werden, vielleicht noch mit etwas Knoblauch, auf alle Fälle aber mit reichlich frisch gehackten Kräutern. Beim Grillen müssen Sie dann darauf achten, daß die Gemüsestücke entsprechend oft gewendet werden, damit sie gleichmäßig garen.

Artischocken: Die kleinen italienischen Sorten lassen sich gut grillen. Sie werden längs durchgeschnitten und zuerst mit Zitronensaft beträufelt, dann mit Öl bestrichen. Die Hälften zuerst mit der Schnittfläche auf den Rost legen.

Auberginen: Kleine Früchte eignen sich dafür ebenfalls besser. Einmal längs durchschneiden. Wenn die Früchte größer sind, kann man sie noch zusätzlich einige Male mit dem Messer einschneiden, damit die Hitze besser eindringen kann.

Champignons: Zum Grillen eignen sich die großen Exemplare, meist aus Frankreich importiert, am besten. Sie werden einmal durchgeschnitten und zuerst auf der Schnittfläche liegend gegrillt.

Fenchel: Nach Möglichkeit nur kleine Knollen verwenden und diese einmal halbieren. Auf alle Fälle aber die Knollen vorher etwa 5 Minuten in sprudelndem Wasser blanchieren.

Kartoffeln: Eine mehlige Sorte verwenden. Möglichst gleichgroße Kartoffeln sauber bürsten, kreuzweise einschneiden und einzeln in geölte Alufolie wickeln. Am besten in der Glut garen. Mit Holzspießchen prüfen, ob sie gar sind.

Maiskolben: Entweder mit Speckstreifen umwickeln und diese mit einem Zahnstocher festhalten oder mit Öl bepinseln, würzen und in Alufolie wickeln. Ohne Umhüllung werden Maiskolben leicht zu trocken.

Paprikaschoten: Man kann die ganzen Schoten grillen und nachher teilen, die Kerne entfernen und die Schoten würzen. Dadurch bleiben sie schön saftig.

Tomaten: Wenn sie klein sind, können sie im ganzen gegrillt werden. Große Tomaten sollte man halbieren und die Hälften zuerst auf der Schnittfläche grillen.

Zucchini: Kleine Früchte können längs geteilt werden, große Früchte (wie auf dem Bild) sollten in Scheiben von etwa 1 cm Stärke geschnitten werden.

Zwiebeln: Zum Grillen sollte man nur milde Sorten verwenden. Diese in Viertel oder Sechstel teilen.

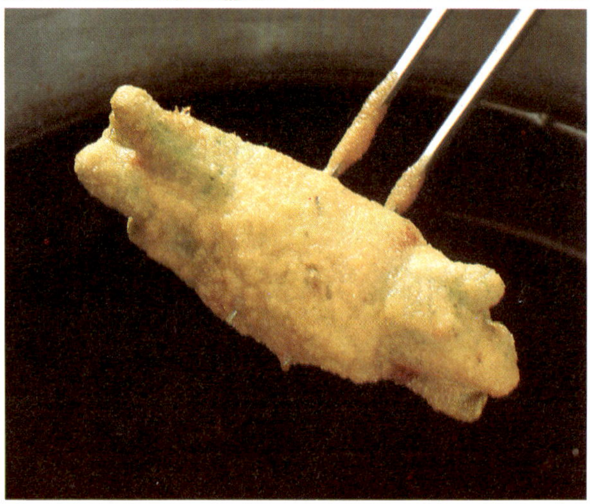

Fritiertes Gemüse

Das Ausbacken in Teig ist eine Zubereitungsart, die dem Gemüse ganz besonders entgegenkommt. In der schützenden, knusprigen Teighülle bleibt der reine Gemüsegeschmack vollständig erhalten. Besonders gut zum Fritieren eignen sich die meisten Pilzsorten, vor allem Champignons, aber auch Blumenkohl, Broccoli, Zucchini und Auberginen, Artischokken, Bohnen und kleine Zwiebeln. Gemüsesorten, die längere Garzeiten benötigen, sollte man zuerst blanchieren, damit sie dann während des relativ kurzen Backvorganges auch wirklich gar werden. Wer den puren Geschmack liebt, der sollte das Gemüse höchstens leicht salzen und etwas pfeffern, bevor es in den Teig gehüllt und ausgebacken wird. Das folgende Rezept, bei dem das Gemüse zuvor in einer würzigen Ölmarinade gebeizt wird, ist auch als Hauptgericht geeignet. Dazu sollte man zwei oder drei kalte Saucen servieren, etwa eine Aioli (Knoblauchsauce), eine Kräuter-Joghurt-Sauce und eine beliebig gewürzte Mayonnaise. Frisches Weißbrot paßt am besten dazu.

Zutaten für 4 Portionen:
Für den Ausbackteig:
240 g Mehl
4 Eigelbe
40 g Butter
½ Teel. Salz
⅜ l helles Bier
3 Eiweiße
Außerdem:
250 g Zucchini
250 g Champignons
250 g Blumenkohl, geputzt gewogen
250 g frische grüne Bohnen
Salz
8–10 Scheiben durchwachsener Räucherspeck
¼ l feines Pflanzen- oder Olivenöl
3 Eßl. gemischte, gehackte Kräuter (Petersilie, Schnittlauch, Basilikum, Thymian und etwas Rosmarin)
50 g Zwiebel
1 Knoblauchzehe
etwas frisch gemahlener Pfeffer
Pflanzenfett zum Ausbacken

Zubereitungszeit: etwa 1 Stunde und 30 Minuten

Bild 1: Das Mehl in eine Schüssel geben. Die Eigelbe, die zerlassene, warme Butter, das Salz und das Bier zufügen und davon mit dem Schneebesen einen glatten Teig rühren. Er sollte nun mindestens 1 Stunde ruhen, damit das Mehl quellen kann.

Bild 2: In der Zwischenzeit die Gemüse vorbereiten. Die Zucchini waschen, vom Stiel befreien und in etwa ½ cm dicke Scheiben schneiden. Von den Champignons die Haut abziehen. Den Blumenkohl in kleine Röschen teilen, die Bohnen putzen. Blumenkohl und Bohnen getrennt 3–4 Minuten in Salzwasser vorkochen; gut abtropfen lassen. Die Bohnen in kleinen Bündeln mit den Speckscheiben umwickeln und mit Holzspießchen zusammenhalten. Die Zwiebel schälen und feinhacken. Die Knoblauchzehe schälen und zerdrücken.
In einer entsprechend großen Schüssel das Öl mit den Kräutern, der Zwiebel, dem Knoblauch, Pfeffer und ½ Teel. Salz verrühren. Darin die Gemüse 60 Minuten marinieren.

Bild 3: Die Eiweiße zu steifem Schnee schlagen und mit dem Schneebesen unter den gequollenen Teig rühren. Jetzt sollte der Teig Zug um Zug verarbeitet werden. Das Pflanzenfett auf 180 °C erhitzen.

Bild 4: Die Gemüsestücke am besten mit einer langen zweizinkigen Gabel aufnehmen und etwas abtropfen lassen. In den Bierteig tauchen, kurz ablaufen lassen und darauf achten, daß das Gemüse wirklich völlig umschlossen ist.

Bild 5: Die Gemüsestücke in das heiße Fett geben. Dabei dürfen nicht zu viele Stücke auf einmal gegart werden. Wenn die Unterseite gebräunt ist, wenden und die andere Seite knusprig backen.

Bild 6: Das fertig gebackene Gemüse soll von allen Seiten schön hellbraun sein und innen saftig und weich. Auf Küchenpapier abtropfen lassen.

Wirsing

Wirsing ist ein Ganzjahresgemüse. Die frühen Sorten, schon ab Juni, sind meist hellgrün, mit stark gekrausten Blättern und lockerem Herz. Die späten Sorten schwanken zwischen dunkelgrün bis blaugrün und haben meist eng anliegende Blätter.

Wirsingrouladen

Im Bild vorne

Zutaten für 4 Portionen:
8 große Wirsingblätter
Salz · 100 g Zwiebeln
½ Knoblauchzehe
350 g gemischtes Hackfleisch
1 Teel. Rosenpaprikapulver
etwas frisch gemahlener Pfeffer
1 Eßl. gehackte Petersilie
1 Ei · 30 g Butter
⅛ l Weißwein · ⅛ l Fleischbrühe

Zubereitungszeit: 60–70 Minuten

8 schöne Wirsingblätter vorsichtig ablösen und in sprudelnd kochendem Salzwasser etwa 2 Minuten blanchieren, dann in eiskaltem Wasser abschrecken. Die groben Rippen herausschneiden und jeweils 2 Blätter übereinanderlegen. Die Zwiebeln schälen und sehr fein hacken. Die Knoblauchzehe zerdrücken. Das Hackfleisch mit der Zwiebel, dem Knoblauch, dem Paprikapulver, Pfeffer, ½ Teelöffel Salz, der Petersilie und dem Ei verarbeiten. Den Fleischteig in 4 Portionen auf die Wirsingblätter verteilen. Diese dann so aufrollen, daß die Füllung fest umschlossen ist. Eventuell mit dünnem Baumwollfaden umwickeln. In einer entsprechend großen Form oder Kasserolle die Butter zerlaufen lassen, die Rouladen hineinlegen und bei guter Hitze unter mehrmaligem Wenden kurz anbraten. Dann mit dem Weißwein und der Fleischbrühe übergießen und im vorgeheizten Backofen bei 200 °C 20–25 Minuten garen. Zwischendurch die Rouladen mehrmals wenden und, sollten sie zu dunkel werden, die Kasserolle mit einem Deckel oder mit Alufolie schließen. Die Rouladen herausnehmen und warm stellen. Den Bratfond, wenn nötig, etwas einkochen und als Sauce servieren.

Wirsinggemüse

Im Bild hinten

Zutaten für 4–6 Portionen:
1 Kopf Wirsing, frühe Sorte
(etwa 1000–1200 g)
Salz
Für die Sauce:
40 g Butter · 30 g Mehl
¼ l Milch
½ Teel. Salz
etwas frisch gemahlener Pfeffer
etwas geriebene Muskatnuß
⅛ l Sahne
Außerdem:
120 g durchwachsener
Räucherspeck
50 g Frühlingszwiebeln
30 g Butter für die Form
1 Eßl. kleingeschnittener
Schnittlauch

Zubereitungszeit: 60–70 Minuten

Von dem Wirsingkopf die äußeren welken Blätter entfernen, den Strunk kegelförmig herausschneiden und den Kohl in Salzwasser 10–15 Minuten leicht kochen lassen. Er soll durch und durch weich sein. Den Kopf in Viertel schneiden. Die Butter in einer Kasserolle zerlaufen lassen, das Mehl zugeben und unter ständigem Rühren hell anschwitzen. Mit der Milch aufgießen und etwa 5 Minuten unter Rühren durchkochen. Mit dem Salz, Pfeffer und Muskat würzen und so lange weiterkochen lassen, bis eine cremige Sauce entstanden ist. Dann die Sahne halbsteif schlagen und unter die Sauce rühren. Den Speck kleinwürfeln, in einer Pfanne auslassen und das Fett abgießen. Die Frühlingszwiebeln putzen und feinhacken.
In einer entsprechend großen Auflaufform die Butter zerlaufen lassen, die Zwiebeln darin hell anlaufen lassen und die abgetropften Wirsingviertel hineinlegen. Mit der Sauce übergießen und mit den Speckwürfeln bestreuen. Im vorgeheizten Backofen bei 220 °C 2–3 Minuten überbacken. Mit dem Schnittlauch bestreuen.

Broccoli

Von den verschiedenen Broccolisorten (es gibt auch eine weißliche und eine violette, die in der Form sehr unserem Blumenkohl ähnelt) wird bei uns fast ausschließlich der grüne Broccoli angeboten. Seine Röschen sitzen auf einem fleischigen, festen Stiel. Hauptsaison ist etwa von Oktober bis April, wenngleich Broccoli heute fast das ganze Jahr über angeboten wird. Geschmacklich ist er dem Blumenkohl überlegen, erinnert sogar eher an Spargel, weshalb er manchmal auch Spargelkohl genannt wird.

Broccoli-Pie

Im Bild vorne

Zutaten für 4 Portionen:
600 g Broccoli
50 g Schalotten
½ Knoblauchzehe
40 g Butter
½ Teel. Salz
etwas frisch gemahlener Pfeffer
Für den Guß:
4 Eier
¼ l Sahne
einige Tropfen Tabasco
etwas geriebene Muskatnuß
½ Teel. Salz
40 g gehobelte Mandeln

Vorbereitungszeit: 40–50 Minuten
Garzeit: 50–55 Minuten

Den Broccoli unter kaltem Wasser kräftig abbrausen und die Schnittflächen der Stiele frisch anschneiden. Die Stauden in kleine Röschen zerteilen; die dickeren Stielenden schälen, weil die Schale etwas hart ist, und, wenn nötig, längs teilen. Auf einem Sieb gut ablaufen lassen. Die Schalotten schälen und sehr fein hacken. Die Knoblauchzehe zerdrücken. In einer Pie-Form von etwa 24–26 cm Durchmesser die Butter zerlaufen lassen. Die Schalotten und den Knoblauch zugeben und hell anschwitzen. Dann den zerkleinerten Broccoli zufügen, mit dem Salz und Pfeffer würzen und etwa 5 Minuten bei geringer Hitze dünsten.
In der Zwischenzeit die Eier mit der Sahne verrühren, mit Tabasco, Muskat und dem Salz würzen und über den angedünsteten Broccoli gießen. Im vorgeheizten Backofen bei 200 °C 50–55 Minuten backen lassen. Die Eimilch sollte gerade gestockt sein. Die Mandelblättchen in einer trockenen Pfanne hell anrösten. Den Pie mit den Mandelblättchen bestreut servieren.

Broccoligemüse

Im Bild hinten

Zutaten für 4 Portionen:
750 g Broccoli
4 Eßl. Öl
¼ l Hühnerbrühe
¼ l trockener Weißwein
½ Teel. Salz
frisch gemahlener Pfeffer
1 kleine Zwiebel
Für die Sauce eventuell:
1 Eigelb
⅛ l Sahne

Zubereitungszeit: 30–40 Minuten

Den Broccoli waschen, dicke Stiele schälen und die Stauden in Röschen teilen. Das Öl in einer entsprechend großen Kasserolle erhitzen, den Broccoli hineingeben und sofort mit der Hühnerbrühe und dem Weißwein aufgießen. Mit dem Salz und Pfeffer würzen. Die Zwiebel schälen und unzerteilt zusetzen. Den Broccoli bei Mittelhitze 10–15 Minuten garen. Zwischendurch probieren, damit er nicht zu weich wird, denn er soll noch etwas »Biß« haben. Den Broccoli herausheben, warm stellen und die Kochbrühe so weit reduzieren (einkochen lassen), bis etwa ⅛ l übriggeblieben ist. Man kann sie nun klar über das Broccoligemüse gießen oder mit der Sahne und dem Eigelb verrühren, noch einige Minuten ziehen lassen und dann als Sauce darübergeben.

Blumenkohl

Der Blumenkohl gehört bei uns zu den Lieblingen unter den Kohlgemüsen. Außerdem wird er das ganze Jahr über angeboten, mit Schwerpunkt Sommer und Herbst.

Blumenkohl nach spanischer Art

Im Bild vorne

Zutaten für 4 Portionen:
1 Kopf Blumenkohl (etwa 750 g)
Salz
3 hartgekochte Eier
1 Knoblauchzehe
4 Eßl. feines Olivenöl
2 Eßl. gehackte Petersilie
2 Eßl. grobgehackte Pinienkerne

Zubereitungszeit: 30–40 Minuten

Den Blumenkohl putzen, waschen und in Röschen zerteilen. In kochendes Salzwasser geben und etwa 15 Minuten kochen lassen; die Röschen sollen nicht zu weich sein, sondern noch einen »Biß« haben. In einem Sieb ablaufen lassen und warm stellen. Die Eier schälen und feinhacken. Die Knoblauchzehe schälen und zerdrücken. Das Öl erhitzen und darin den Knoblauch, die Petersilie und die Pinienkerne unter Rühren anrösten. Mit den Eiern über den Blumenkohl verteilen.

Blumenkohl mit Käsesauce

Im Bild in der Mitte

Zutaten für 4 Portionen:
1 Kopf Blumenkohl (etwa 750 g)
Salz
Für die Käsesauce:
50 g Butter
30 g Mehl
¼ l Sahne
⅛ l Milch
120 g geriebener Emmentaler Käse
¼ Teel. Salz
etwas frisch gemahlener Pfeffer und geriebene Muskatnuß
50 g gehobelte Mandeln

Zubereitungszeit: 30–40 Minuten

Den Blumenkohl putzen, waschen und in Röschen zerteilen. In kochendes Salzwasser geben und 15–20 Minuten kochen lassen. Die Butter in einer Kasserolle zerlassen, das Mehl zugeben und hell anrösten. Dann mit der Sahne und der Milch aufgießen, kräftig mit dem Schneebesen durchrühren und 3–4 Minuten einkochen lassen. Den Käse darunterrühren. Mit dem Salz, Pfeffer und Muskat würzen. Nochmals 2–3 Minuten durchkochen. Die Blumenkohlröschen auf Teller verteilen, mit der Sauce übergießen und unter dem Grill gratinieren. Die Mandelblättchen in einer trockenen Pfanne hell rösten und das Gemüse damit bestreuen.

Blumenkohlauflauf

Im Bild hinten

Zutaten für 4 Portionen:
1 Kopf Blumenkohl (etwa 750 g)
Salz
Für die Sauce:
50 g Butter · 20 g Mehl
⅛ l Sahne
¼ l Fleischbrühe
½ Teel. Salz
etwas frisch gemahlener Pfeffer
2 Eier
60 g geriebener Parmesankäse
Außerdem:
Butter · 2 Eßl. Semmelbrösel

Vorbereitungszeit: 45 Minuten
Garzeit: 25–30 Minuten

Den Blumenkohl putzen, waschen, in Röschen teilen und in Salzwasser etwa 5 Minuten kochen. In ein Sieb schütten und warm stellen. Die Butter zerlassen, das Mehl zugeben und hell anrösten. Mit der Sahne und der Brühe aufgießen, salzen. Unter Rühren 4–5 Minuten durchkochen lassen. Vom Herd nehmen, die Eier und den Käse darunterrühren. Den Blumenkohl mit der Sauce gut mischen. Eine feuerfeste Form mit Butter ausstreichen und den Blumenkohl hineinfüllen. 40 g Butter zerlassen, mit den Bröseln mischen. Über das Gemüse geben. Im vorgeheizten Backofen bei 220 °C 25–30 Minuten backen.

Rosenkohl

Rosenkohl ist eine unserer liebsten Wintergemüsesorten. Er ist ein »junges« Gemüse, denn man hat ihn vor gut 100 Jahren in der Nähe von Brüssel zum ersten Mal gezüchtet. Daher kommt der noch teilweise gebräuchliche Name Brüsseler Kohl. In Österreich heißt er Sprossenkohl, was auf sein Äußeres schließen läßt, denn die kleinen Röschen sprießen aus einem hochwachsenden Strunk oder Stengel.
Beim Einkauf sollte man darauf achten, daß man nur sehr feste, frisch-grüne, dicht geschlossene Röschen bekommt. Saison für Rosenkohl ist von Oktober bis April. Während dieser Zeit wird er überall in guter Qualität frisch angeboten. Die Verarbeitung ist recht einfach. Frischer Rosenkohl läßt sich leicht putzen, denn nur der Strunk wird etwas abgeschnitten und die äußeren verfärbten Deckblätter werden entfernt. Auch von der Tiefkühlindustrie wird er in beachtlicher Qualität angeboten.

Rosenkohl mit Käse

Im Bild vorne

Zutaten für 4 Portionen:

1 kg Rosenkohl
100 g Zwiebeln
½ Knoblauchzehe
2 Eßl. Öl
¼ l Fleischbrühe
½ Teel. Salz
etwas frisch gemahlener Pfeffer und geriebene Muskatnuß
200 g Tomaten
150 g mittelalter Goudakäse
4 Eßl. Sahne
2 Eßl. gehackte, gemischte Kräuter (Schnittlauch, Petersilie, Basilikum)

Zubereitungszeit: 40–50 Minuten

Den Rosenkohl putzen und waschen. Die Zwiebel schälen und hacken, die Knoblauchzehe zerdrücken. Das Öl in einer großen Kasserolle erhitzen. Die Zwiebel und den Knoblauch darin hell anschwitzen. Den Rosenkohl zugeben und mit der Fleischbrühe aufgießen. Mit dem Salz, Pfeffer und Muskat würzen. Zugedeckt 15–20 Minuten dünsten. Die Tomaten kurz brühen, häuten und in Achtel schneiden. Unter den Rosenkohl rühren. Den Käse in kleine Würfel schneiden und mit der Sahne mischen. Über das Gemüse gießen, mit den gehackten Kräutern bestreuen. Den Deckel wieder schließen und das Gemüse weitere 5–10 Minuten dünsten.

Rosenkohl mit Maroni

Im Bild hinten

Zutaten für 4 Portionen:

700 g Rosenkohl
400 g Maroni (Eßkastanien)
3 Eßl. Öl
⅛ l Fleischbrühe
⅛ l trockener Weißwein
½ Teel. Salz
etwas frisch gemahlener Pfeffer
je 1 Zweig Thymian, Petersilie und Rosmarin

Zubereitungszeit: 45–50 Minuten

Den Rosenkohl putzen und waschen. Die Maroni mit einem Messer einschneiden und auf einem Backblech in den auf 200 °C vorgeheizten Backofen schieben. Nach 5–10 Minuten platzen die Schalen auf. Die Kastanien schälen und in Viertel schneiden. Das Öl in einer großen Kasserolle erhitzen, die Kastanien darin 2–3 Minuten anbraten und mit der Mischung aus Fleischbrühe und Weißwein aufgießen. Etwa 10 Minuten bei mäßiger Hitze dünsten. Dann den Rosenkohl zugeben. Mit dem Salz und Pfeffer würzen, die Kräuter darauflegen und das Gemüse zugedeckt noch 10–15 Minuten dünsten.
Nach etwa der halben Garzeit die Kräuter herausnehmen. Wenn nötig, nochmals etwas Fleischbrühe und Weißwein nachgießen.

Grünkohl

Grünkohl (oder Braunkohl, denn früher gab es eine braunblättrige Sorte) war bis vor wenigen Jahren eine regionale Spezialität Norddeutschlands. Inzwischen hat sich dieses typische Wintergemüse bis in den Süden vorgekämpft, wenngleich es in diesen Breiten immer noch nicht recht anerkannt ist. Aber die Zahl der Liebhaber dieser deftigen Kohlsorte nimmt ständig zu.

Grünkohlgemüse

Im Bild hinten

Zutaten für 4 Portionen:
2 kg frischer Grünkohl
2 l Wasser
2½ Teel. Salz
1 Zwiebel
60 g Schweineschmalz
½ l heiße Fleischbrühe
frisch gemahlener Pfeffer

Vorbereitungszeit: 50 Minuten
Garzeit: 1 Stunde

Den Grünkohl gründlich waschen, dann die Blätter von den Stielen streifen und wie im nebenstehenden Rezept vorgaren, bis die Blätter zusammenfallen. Herausnehmen und abtropfen lassen. Den Kohl hacken oder durch die grobe Scheibe des Fleischwolfs drehen. Die Zwiebel schälen, kleinschneiden und im erhitzten Schmalz glasig braten. Dann den Grünkohl zugeben, mit der heißen Fleischbrühe auffüllen und mit ½ Teelöffel Salz und Pfeffer würzen. Kurz durchrühren und 1 Stunde zugedeckt kochen lassen.
Mit kräftig gewürzten Würsten, zum Beispiel »Polnischen« oder rheinischen Mettwürsten servieren.

Variante: Grünkohl mit Pinkel

Das Grünkohlgemüse wie beim vorhergehenden Rezept zubereiten, jedoch einige Scheiben durchwachsenen Räucherspeck mitkochen. Dazu wird in der Heimat dieses Rezeptes, in Niedersachsen und Schleswig-Holstein, traditionell Brägenwurst (eine gut gewürzte Hirnwurst) serviert.

Grünkohleintopf

Im Bild vorne

Zutaten für 4 Portionen:
2 kg frischer Grünkohl
2 l Wasser
Salz
1 Zwiebel
60 g Schweineschmalz
½ l heiße Fleischbrühe
frisch gemahlener Pfeffer
400 g Rindfleisch
400 g Schweinefleisch
2 Teel. edelsüßes Paprikapulver
2 Eßl. Öl
200 g Karotten/Möhren

Vorbereitungszeit: 50 Minuten
Garzeit: 1 Stunde

Den Grünkohl gründlich waschen, dann die Blätter von den Stielen streifen. Wasser mit 2 Teelöffeln Salz in einem großen Topf zum Kochen bringen. Den Grünkohl darin etwa 10 Minuten ziehen lassen, bis die Blätter zusammenfallen. Herausnehmen und abtropfen lassen. Den Kohl grobhacken. Die Zwiebel schälen und in feine Würfel schneiden. Das Schmalz in einem großen Topf erhitzen und die Zwiebelwürfel darin glasig dünsten. Den Grünkohl dazugeben und mit der heißen Fleischbrühe auffüllen. Mit ½ Teelöffel Salz und Pfeffer würzen, durchrühren und 30 Minuten kochen lassen. Inzwischen das Fleisch würfeln, mit dem Paprikapulver und ¼ Teelöffel Salz würzen und in einer Pfanne im heißen Öl rundum anbraten. Dann zugedeckt schmoren und nach und nach mit etwas heißem Wasser begießen. Die Karotten putzen und würfeln. Wenn der Grünkohl 30 Minuten gekocht hat, das geschmorte Fleisch und die Karottenwürfel daruntermischen und alles 30 Minuten weiterkochen lassen. Zum Schluß nach Belieben nochmals abschmekken.

Rotkohl

Da es frühe und späte Sorten vom Rotkohl gibt, ist er fast ganzjährig im Handel (ausgenommen die Monate April bis Juni). Die Farbe seiner Blätter wechselt je nach Jahreszeit und Sorte von dunkelrot bis violett.

Überbackener Rotkohl

Im Bild vorne

Zutaten für 4 Portionen:
1 mittelgroßer Kopf Rotkohl
(geputzt etwa 1 kg)
Salz
4 Eßl. Weinessig
120 g Zwiebeln
1 Peperoni
1 säuerlicher Apfel
100 g Butter
300 g gekochtes Kaßler Fleisch
frisch gemahlener Pfeffer
400 g Kartoffeln
⅛ l Weißwein
⅛ l Fleischbrühe
½ Teel. grobgemahlener Pfeffer
60 g Butter in Flöckchen

Vorbereitungszeit: 60–70 Minuten
Garzeit: 50–55 Minuten

Von dem Rotkohl die äußeren welken Blätter entfernen, den Kopf halbieren, den Strunk herausschneiden und den Kohl in einzelne Blätter zerlegen. Von diesen noch die groben Rippen herausschneiden. Salzwasser zum Kochen bringen, mit etwas Essig leicht säuern und darin die Rotkohlblätter etwa 5 Minuten sprudelnd kochen lassen. Herausnehmen, unter kaltem Wasser abschrecken und ablaufen lassen. Die etwas abgekühlten Blätter dann in schmale Streifen schneiden. Die Zwiebeln schälen und würfeln. Die Peperoni ganz fein hacken. Den Apfel entkernen und ungeschält in Würfel schneiden. 50 g Butter in einer großen Kasserolle zerlaufen lassen und darin die Zwiebelwürfel hell anschwitzen. Die gehackte Peperoni und die Apfelwürfel zusetzen und etwa 5 Minuten dünsten. Das gekochte Kaßler in kleine Würfel schneiden, zugeben und zum Schluß die geschnittenen Kohlblätter. Alles zusammen etwa 10 Minuten dünsten. Wenn nötig, noch mit Salz und Pfeffer nachwürzen. Eine entsprechend große feuerfeste Form mit 50 g Butter ausstreichen, die Rotkohlmischung einfüllen. Die Kartoffeln schälen, hauchdünn schneiden und damit die Oberfläche schuppenartig belegen. Die Form in den auf 200 °C vorgeheizten Backofen schieben. Nach 15 Minuten wieder herausnehmen, das Gemüse mit dem Weißwein und der Fleischbrühe begießen und mit dem groben Pfeffer bestreuen. Die Oberfläche mit Butterflöckchen belegen und das Gericht weitere 35–40 Minuten im Ofen garen.

Rotkohl mit Kastanien

Im Bild hinten

Zutaten für 4 Portionen:
etwa 1 kg Rotkohl, geputzt
Salz · Saft von 1 Zitrone
60 g Zwiebel · 3 Eßl. Öl
1 Teel. brauner Zucker
etwas frisch gemahlener Pfeffer
¼ l trockener Weißwein
200 g geschälte Maroni
(Eßkastanien)
2 Boskop-Äpfel
eventuell etwas Fleischbrühe

Vorbereitungszeit: 40–45 Minuten
Garzeit: 1 Stunde

Den Kohl wie im nebenstehenden Rezept vorbereiten. Die Blätter in Salzwasser mit dem Zitronensaft 3 Minuten sprudelnd kochen, herausnehmen und abtropfen lassen. Die Zwiebel schälen und würfeln. Das Öl in einem großen Topf erhitzen, die Zwiebelwürfel darin hell anschwitzen, dann den Zukker, Pfeffer, den Weißwein und die grob zerschnittenen Kastanien zugeben. 2–3 Minuten bei Mittelhitze schmoren. Die Äpfel entkernen, ungeschält würfeln und 2–3 Minuten mitgaren. Die Rotkohlblätter in Streifen schneiden und dazugeben. Das Gemüse unter gelegentlichem Umrühren etwa 1 Stunde schmoren lassen. Eventuell etwas Fleischbrühe oder Wasser zugießen.

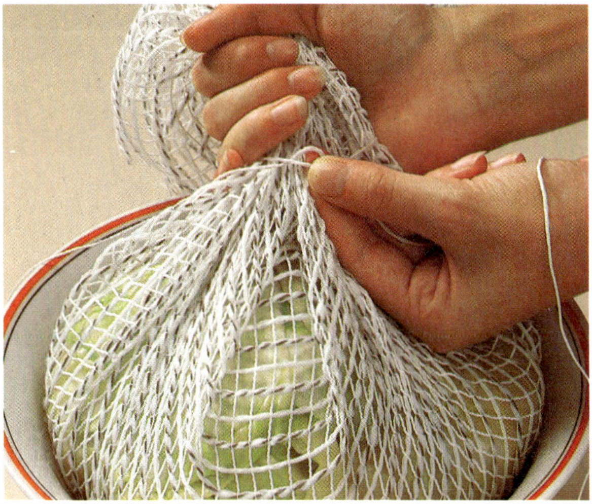

Weißkohl

Der Weißkohl gilt als »Arme-Leute-Essen«, obwohl er bereits auf dem Speisezettel der Römer gestanden hat. Im Süden des deutschen Sprachraumes ist er meist als Kraut bekannt, im Westen als Kappes. Obwohl er nicht so hoch geschätzt wird, ist er doch ein sehr beliebtes, weil auch preiswertes Gemüse. Die runden Köpfe sind das ganze Jahr über verfügbar.
Der etwas zartere Spitzkohl ist etwa von Juni bis Oktober auf dem Markt. Er eignet sich ganz besonders gut für ein schnelles Kohlrezept, das »Bayrisch Kraut«: Der feingehackte junge Sommerkohl wird nur mit reichlich gewürfeltem Speck gedünstet, mit etwas guter Fleischbrühe aufgegossen, gesalzen und mit Kümmel kräftig gewürzt.

Gefüllter Weißkohl

Zutaten für 4 Portionen:
1 Kopf Weißkohl von etwa 1200 g
Salz
1 Zwiebel (etwa 100 g)
2 Eßl. gehackte Petersilie
2 Eßl. Öl
400 g gemischtes Hackfleisch
1 Ei
1 Eßl. Kapern
frisch gemahlener Pfeffer
2 l Rinder- oder Kalbsbrühe

Vorbereitungszeit: 2 Stunden
Garzeit: 2–3 Stunden

Den Kohlkopf putzen und in kochendem Salzwasser 10–15 Minuten blanchieren, bis die Rippen der äußeren Blätter biegsam geworden sind. Den Kopf herausnehmen und abtropfen lassen.

Bild 1: Den Kohl auf ein Netz aus Baumwollgarn (ersatzweise ein Mulltuch) legen und die äußeren Blätter vorsichtig vom Kopf abziehen, ohne sie vom Strunk zu trennen. Die inneren Blätter herausschneiden und kleinhacken.

Bild 2: Die Zwiebel schälen, in feine Würfel schneiden. Mit der Petersilie in dem heißen Öl glasig werden und dann abkühlen lassen. Das Hackfleisch in eine Schüssel geben, dazu das Ei, die Zwiebel-Petersilien-Mischung, die Kapern und den gehackten Kohl. Alles verarbeiten und mit Salz sowie Pfeffer würzen.

Bild 3: Den Kohlkopf mit dem Netz in eine entsprechend große Schüssel legen, die Füllung in die Mitte geben und zu einer Kugel in Größe der herausgeschnittenen inneren Blätter formen.

Bild 4: Die äußeren Kohlblätter über die Füllung legen und vorsichtig andrücken. Der Kohlkopf soll wieder seine ursprüngliche Form erhalten, und die Füllung muß vollständig bedeckt sein.

Bild 5: Die Netzenden über dem gefüllten Kohlkopf zusammenfassen und mit Küchengarn fest zubinden. Die Rinder- oder Kalbsbrühe in einem großen Topf zum Kochen bringen, und den Kohl im Netz hineingeben. Bei schwacher Hitze und nicht ganz geschlossenem Deckel 2–3 Stunden simmern lassen.
Den gegarten Kohlkopf mit einer Gabel, die man durch das Netz sticht, herausheben und in eine Schüssel legen. Das Garn durchschneiden, das Netz ganz öffnen und nach außen über den Schüsselrand legen. Kohl und Schüssel mit einem großen Teller bedekken und alles zusammen umdrehen. Der Kohl liegt nun mit dem Strunk nach oben auf dem Teller und man kann das Netz entfernen. Dann den Kohl wieder in die Schüssel stürzen.

Bild 6: Den Kohl in der Schüssel in vier Stücke schneiden und mit etwas Brühe servieren.

Sauerkraut

In der Beliebtheits-Skala (zumindest im Süden Deutschlands) rangiert das gesäuerte Kraut weit vor dem frischen Weißkohl. Im französischen Elsaß ist es sogar so etwas wie ein Nationalgericht.

Ungarisches Sauerkraut

Zutaten für 4–6 Portionen:
50 g durchwachsener Räucherspeck
750 g Sauerkraut
¼ l Weißwein
1 Lorbeerblatt
½ Teel. Salz
etwas frisch gemahlener Pfeffer
Für die Füllung:
60 g Zwiebel
30 g Schweineschmalz
300 g Schweinehackfleisch
2 Eßl. Tomatenmark
2 Teel. edelsüßes Paprikapulver
½ Teel. Salz
150 g Paprikawurst
1 Becher saure Sahne (200 g)
150 g geräucherter Schweinebauch

Vorbereitungszeit: etwa 1 Stunde
Garzeit: 30–40 Minuten

Den Räucherspeck in kleine Würfel schneiden und in einem entsprechend großen Topf kurz anrösten. Das Sauerkraut zugeben und mit dem Weißwein übergießen. Das Lorbeerblatt, das Salz und Pfeffer zufügen. Etwa 20 Minuten dünsten, auf alle Fälle so lange, bis die Flüssigkeit vollständig verdampft ist.
Für die Füllung die Zwiebel schälen und hacken. Das Schweineschmalz in einer Pfanne erhitzen und die gehackte Zwiebel darin hellbraun anschwitzen. Dann das Schweinehackfleisch, das Tomatenmark, das Paprikapulver und das Salz zugeben und alles bei guter Hitze einige Minuten anbraten. Die Paprikawurst in dünne Scheiben schneiden und daruntergeben.
Von dem Sauerkraut die Hälfte in eine entsprechend große Auflaufform geben und darauf die Fleischfüllung verteilen. Mit dem restlichen Sauerkraut abdecken und mit der sauren Sahne übergießen. Den geräucherten Schweinebauch in dünne Scheiben schneiden und den Auflauf damit abdecken. Im vorgeheizten Backofen bei etwa 200 °C 30–40 Minuten garen.
Zu diesem ungarischen Sauerkraut passen Kümmelkartoffeln besonders gut.

Elsässer Weinsauerkraut

Ohne Abbildung

Dieses Kraut schmeckt zu vielen Gelegenheiten.

Zutaten für 4 Portionen:
1500 g gutes Sauerkraut
1 Zwiebel
2 Gewürznelken
1 Knoblauchzehe
5 Wacholderbeeren
¼ l trockener Elsässer Weißwein
100 g Schweine- oder Gänsefett
eventuell etwas Salz

Vorbereitungszeit: 30 Minuten
Garzeit: 2 Stunden und 30 Minuten bis 3 Stunden

Das Sauerkraut in kaltem Wasser waschen, abtropfen lassen und dann handvollweise ganz fest ausdrücken. Das Kraut in einem entsprechend großen Topf locker ausbreiten. Die geschälte mit den Gewürznelken gespickte Zwiebel hineinlegen, die geschälte ganze Knoblauchzehe und die Wacholderbeeren zugeben und mit dem Weißwein übergießen. Das Fett darübergeben und, sollte das Sauerkraut sehr mild sein, etwas salzen. Das Kraut zugedeckt etwa 1 Stunde kochen lassen; dabei immer wieder umrühren und, wenn Flüssigkeit nötig ist, etwas Wasser oder Fleischbrühe nachgießen. Dann auf ganz schwache Hitze zurückschalten und das Kraut weitere 1½ bis 2 Stunden langsam köcheln lassen.

Kohlrabi

Kohlrabi hat fast das ganze Jahr Saison, ab Februar ist Treibhausware (fast ausschließlich die weißlich-grüne Sorte) auf dem Markt. Etwa ab Mai/Juni kommen die Kohlrabi aus dem Freilandanbau und werden dort bis in den späten Herbst geerntet. Die weißlich-grünen Kohlrabi sind wesentlich zarter in Konsistenz und Geschmack als die robustere blauviolette Freilandsorte.

Kohlrabi-Eintopf

Im Bild vorne

Zutaten für 4 Portionen:
1500 g Kohlrabi mit Blättern
(geschält 800–1000 g)
500 g Kartoffeln
300 g frische Karotten/Möhren
80 g Zwiebeln
½ Knoblauchzehe · 4 Eßl. Öl
¼ l Hühnerbrühe
2 Eßl. gehackte Kräuter
(Petersilie, Schnittlauch,
Basilikum und Pimpinelle)
frisch gemahlener Pfeffer
½–1 Teel. Salz

Zubereitungszeit: 50–55 Minuten

Von den Kohlrabi die Blätter entfernen und die Knollen schälen. Die kleinen zarten Blättchen als Gewürz mit den Kräutern hacken. Die Kohlrabi in etwa 1 cm dicke Stifte schneiden. Die Kartoffeln schälen und in gröbere Würfel schneiden. Die Karotten unter fließendem Wasser abschaben, dann ebenfalls in Stifte schneiden. Die Zwiebeln schälen und würfeln. Die Knoblauchzehe zerdrücken. Das Öl in einer entsprechend großen Kasserolle erhitzen und die Zwiebelwürfel mit dem Knoblauch darin hell anschwitzen. Die Kartoffelwürfel hineingeben, mit der Hühnerbrühe übergießen und etwa 5 Minuten bei Mittelhitze dünsten. Dann die Kohlrabi- und Karottenstifte hineingeben und, wenn nötig, noch etwas Hühnerbrühe zufügen. Bei Mittelhitze weitere 15–20 Minuten (die Kohlrabi zwischendurch prüfen) garen. Kurz vor Ende der Garzeit den Eintopf mit den gehackten Kräutern (inklusive der feingehackten Kohlrabiblättchen) bestreuen, mit Pfeffer sowie dem Salz würzen und noch einige Minuten ziehen lassen.

Kohlrabipfanne

Im Bild hinten

Zutaten für 4 Portionen:
1500 g Kohlrabi mit Blättern
(geschält 800–1000 g)
100 g Zwiebeln
1 Knoblauchzehe
50 g Karotte/Möhre
50 g Petersilienwurzel
40 g Butter
400 g gemischtes Hackfleisch
½ Teel. Salz
etwas frisch gemahlener Pfeffer
80 g Paprikaschote · 1 Eigelb
Außerdem:
60 g weiche Butter
50 g Semmelbrösel
1 Eßl. gehackte Petersilie
⅛ l Sahne

Vorbereitungszeit: 40–50 Minuten
Garzeit: 40–50 Minuten

Die Kohlrabi schälen und in etwa 1 cm dicke Stifte schneiden. Die Zwiebeln schälen und würfeln. Die Knoblauchzehe schälen und zerdrücken. Die Karotte und die Petersilienwurzel putzen und würfeln. In einer kleinen Pfanne die Butter zerlaufen lassen und darin die Zwiebelwürfel, den Knoblauch, die Karotten- und Petersilienwürfel einige Minuten dünsten. Das Hackfleisch in eine Schüssel geben, salzen, pfeffern, die gewürfelte Paprikaschote und die Zwiebel-Karotten-Mischung zufügen. Das Eigelb zugeben. Alles gut mischen.
Eine feuerfeste Form mit der weichen Butter ausstreichen und mit den Semmelbröseln ausstreuen. Die Hälfte der Kohlrabistifte einfüllen, darauf die Hackfleischmischung geben, glattstreichen und dann mit den restlichen Kohlrabi abdecken. Die Oberfläche mit der Petersilie bestreuen und mit der Sahne übergießen. Im vorgeheizten Backofen bei 200 °C 40–50 Minuten backen. Sollte die Oberfläche zu dunkel werden, mit etwas flüssiger Butter bestreichen.

Chinakohl

Chinakohl wird auch unter Namen wie Pekingkohl oder Blätterkohl gehandelt. Er stammt tatsächlich aus China und wird erst seit der Jahrhundertwende in Europa kultiviert. In Deutschland wurde er nach dem 2. Weltkrieg populär, aber dann war sein Siegeszug auch nicht mehr aufzuhalten; allerdings vornehmlich als Salat. In seiner Heimat wird er ausschließlich als Gemüse verarbeitet, und auch bei uns haben sich schon einige Rezepte durchgesetzt. Saison hat Chinakohl etwa von August bis Februar.

Chinakohlrouladen

Im Bild vorne

Zutaten für 4 Portionen:

¼ l Milch
40 g Reis
2 Zwiebeln
150 g Rindfleisch
150 g Schweinefleisch
150 g Lammfleisch
30 g grüner (frischer) Speck
1 Knoblauchzehe
3 Eßl. gehackte Petersilie
je 1 Messerspitze getrockneter Oregano und getrocknetes Basilikum
1 Ei
Salz
frisch gemahlener Pfeffer
12 große Chinakohlblätter
Butter für die Form
¼ l Rinderbrühe

Vorbereitungszeit: 60–80 Minuten
Garzeit: etwa 40 Minuten

Die Milch aufkochen, den Reis zugeben und bei schwacher Hitze in etwa 30 Minuten garen. Die Zwiebeln schälen und vierteln. Alles Fleisch und den Speck zusammen mit den Zwiebelvierteln durch den Fleischwolf drehen. Den Knoblauch schälen und zerdrükken. Die Fleischmasse mit dem Knoblauch, den Kräutern, dem Ei, dem Reis, Salz und Pfeffer verarbeiten. Die Chinakohlblätter in kochendem Wasser kurz blanchieren und in kaltem Wasser abschrecken. Die Blätter ausbreiten und aus dem dicken Ende die Rippen keilförmig herausschneiden. Aus dem Fleischteig mit einem Eßlöffel 12 gleichgroße Klöße formen und auf den unteren Teil der Blätter setzen. Die Blätter zu ⅔ aufrollen, dann die seitlichen Blattränder zur Mitte einschlagen und mit aufrollen, so daß der Fleischteig fest eingeschlossen ist. Eine Bratenpfanne mit Butter ausstreichen und die Rouladen hineinschichten. Die Fleischbrühe darübergießen. Die Rouladen im vorgeheizten Backofen bei 175 °C in etwa 40 Minuten garen, bis sie schön hellbraun sind.

Chinakohl mit Speck

Im Bild hinten

Zutaten für 4 Portionen:

1 kg Chinakohl
1 Zwiebel
40 g Schweineschmalz
300 g durchwachsener Räucherspeck
½ l Fleischbrühe
250 g Karotten/Möhren
250 g Lauch/Porree
500 g Kartoffeln · Salz
frisch gemahlener Pfeffer
1 Messerspitze edelsüßes Paprikapulver

Vorbereitungszeit: 40 Minuten
Garzeit: 1 Stunde

Den Chinakohl putzen, in grobe Streifen schneiden, waschen und gut abtropfen lassen. Die Zwiebel schälen und würfeln. Den Speck in nicht zu kleine Stücke schneiden. Das Schmalz in einer Kasserolle erhitzen, den Speck darin anbraten. Die Zwiebelwürfel zugeben und glasig dünsten. Mit der Brühe auffüllen und zugedeckt 30 Minuten köcheln lassen. Die Karotten und den Lauch putzen und in Scheibchen schneiden. Die Kartoffeln schälen, würfeln und mit den Kohlstreifen, den Karotten- und Lauchscheiben in die Brühe geben. Nochmals 30 Minuten köcheln lassen. Zum Schluß mit Salz, Pfeffer und dem Paprikapulver abschmecken.

Gemüse nach indischer Art

Das hervorstechende Merkmal indischer Kochkunst ist die wirklich einfallsreiche Anwendung von Gewürzen. Und außerdem verstehen die indischen Köche und Köchinnen mit Gemüse umzugehen, wie man es selten in einer Regionalküche findet. Viele Inder sind Vegetarier, und ihre Gemüsegerichte, vor allem die Gemüsecurries, sind von einem solchen Wohlgeschmack, daß sie auch den überzeugtesten Fleischesser bekehren könnten. Aber eine echte indische Curry-Gewürzmischung hat mit dem bei uns angebotenen Currypulver nicht viel gemein, denn sie setzt sich aus vielen Einzelgewürzen zusammen. Da wir Europäer diese Auswahl an Gewürzen nicht immer im Haushalt vorrätig haben, kann natürlich Currypulver ersatzweise verwendet werden.

Gemüsecurry

Zutaten für 4 Portionen:
750 g Kartoffeln
Salz
100 g Zwiebeln
2 Knoblauchzehen
250 g Tomaten
1 Salatgurke (etwa 400 g)
3 Eßl. Öl
1 Teel. Kümmel
1 Teel. Kreuzkümmel (Cumin)
150 g Staudensellerie
½ Teel. Kurkumapulver (Gelbwurz)
½ Teel. gemahlener Koriander
¼ Teel. frisch gemahlener Pfeffer
2 Chilischoten (Peperoni)
50 g frische Ingwerwurzel
⅛ l Fleischbrühe
200 g Okraschoten
150 g Erbsen (aus der Tiefkühltruhe)
Außerdem eventuell:
1 Eßl. gehacktes Koriandergrün oder Petersilie
50 g frisch geriebene Kokosnuß

Zubereitungszeit: 60–70 Minuten

Die Kartoffeln schälen, in Würfel schneiden und diese in Salzwasser halbgar kochen. Herausnehmen und abtropfen lassen. Die Zwiebeln schälen und würfeln. Die Knoblauchzehen schälen und zerdrücken. Die Tomaten kurz brühen, häuten, halbieren und die Kerne entfernen. Das Fruchtfleisch in Stücke schneiden. Die Gurke schälen, halbieren, die Kerne entfernen und das Fruchtfleisch in Würfel schneiden. In einer entsprechend großen Kasserolle das Öl erhitzen. Den Kümmel und den Kreuzkümmel darin 2–3 Minuten unter ständigem Rühren anrösten. Die Zwiebelwürfel und den Knoblauch zugeben und 2 Minuten mitbraten. Den Staudensellerie in hauchdünne Streifen schneiden, zugeben und weitere 2 Minuten dünsten. Dann das Kurkumapulver, den Koriander und den Pfeffer zufügen. Die Chilischoten halbieren, sehr sorgfältig von den Kernen befreien und ganz fein hacken. Die Ingwerwurzel schälen und in kleine Würfel schneiden. Beides in die Kasserolle geben. Danach die Tomaten- und Gurkenwürfel zugeben, mit der Fleischbrühe aufgießen und das Gemüse 5 Minuten dünsten. In der Zwischenzeit die Okraschoten waschen, die Stielenden abschneiden und die Schoten längs halbieren oder in Stücke schneiden. Zum Gemüse geben und weitere 5 Minuten dünsten. Dann die Erbsen und die Kartoffelwürfel zugeben und das Gericht noch so lange garen, bis die Kartoffeln weich sind.

Man kann das Gemüsecurry mit gehackter Petersilie oder, was noch besser paßt, aber bei uns selten zu haben ist, mit gehacktem Koriandergrün bestreuen. Frisch geriebene Kokosnuß rundet den Geschmack ebenfalls ganz vorzüglich ab. Verwenden Sie aber keinesfalls getrocknete Kokosraspeln, denn diese bleiben fest und geben nicht genügend Geschmack ab; es sei denn, Sie weichen sie einige Stunden vorher in lauwarmem Wasser ein. Das Ergebnis ist allerdings nicht mit frischer Kokosnuß zu vergleichen.

Gemüse nach chinesischer Art

Keine Landesküche der Welt geht mit ihren Produkten so sorgsam und schonend um wie die chinesische, und das betrifft ganz besonders das Gemüse. Es wird kleingeschnitten und dann in einem »Wok« bei größtmöglicher Hitze ganz rasch gegart. Diese halbkugelförmige, dünnwandige Eisenpfanne überträgt die Hitze schnell. Dazu ist eine aggressive Energiequelle, wie zum Beispiel Gas oder ein Holzkohlenfeuer, nötig. Unsere normale Bratpfanne mit flachem Boden ist leider kein Ersatz, wie viele Versuche ergeben haben. Durch die Halbkugelform des Woks wird außerdem sehr wenig Fett benötigt. Es lohnt sich also, diese chinesische Bratpfanne mit einer eisernen Kelle, die der Rundung des Woks angepaßt ist, anzuschaffen.
Die chinesische Küche kommt auch mit wenig Gewürzen aus, weil die schonende Garweise den Eigengeschmack der Gemüse weitgehend erhält.

Pfannengerührtes Gemüse

Zutaten für 4 Portionen:

12 getrocknete chinesische Pilze
½ l heißes Wasser
4 Frühlingszwiebeln (etwa 150 g)
250 g Staudensellerie ohne Grün
300 g Karotten/Möhren
300 g Zucchini
1 rote Paprikaschote (etwa 150 g)
1 kleine Dose Bambusschößlinge (300 g Abtropfgewicht)
1 Knoblauchzehe
50 g Ingwerwurzel
4 Eßl. Erdnußöl
½ Teel. Salz
1 Teel. Zucker
3 Eßl. dunkle Sojasauce
etwas frisch gemahlener Pfeffer
100 g Sojabohnenkeimlinge

Zubereitungszeit: 50–60 Minuten

Die getrockneten Pilze in dem heißen Wasser etwa 30 Minuten quellen lassen. Dann die Stiele etwas abschneiden und die Köpfe ausdrücken. Die Quellflüssigkeit aufbewahren. Die Frühlingszwiebeln ohne die dunkelgrünen Enden in etwa 3 cm lange Stücke und diese dann längs in Streifen schneiden. Den Staudensellerie an der Wurzel etwa 1 cm breit abschneiden, ebenfalls in 3–4 cm lange Stücke und diese dann längs in Streifen schneiden. Die Karotten schaben, gut waschen und in Stifte schneiden. Die Zucchini unter fließendem Wasser abbürsten, das Stielende abschneiden und die Zucchini in dünne Scheiben schneiden; die Scheiben halbieren, wenn sie sehr groß sein sollten. Die Paprikaschote halbieren, von Stiel und Kernen sorgfältig befreien und in Streifen schneiden. Die Bambusschößlinge gut abtropfen lassen, dann ebenfalls in Stifte schneiden. Die Knoblauchzehe schälen und zerdrücken. Die Ingwerwurzel schälen und feinhacken. Das Vorbereiten ist ganz besonders wichtig, weil das Garen sehr rasch geht und deshalb alle Zutaten bereitliegen müssen.
Das Öl im Wok erhitzen. Den Knoblauch und die feingehackte Ingwerwurzel darin kurz anlaufen lassen. Die Zwiebel- und Sellerie-streifen zufügen, unter ständigem Wenden etwa 2 Minuten garen. Dann die eingeweichten Pilze, Karottenstifte, Zucchinischeiben und Paprikastreifen zugeben, weitere 3–4 Minuten (immer bei größtmöglicher Hitze) garen. Mit ⅛ l der Pilzweinweichflüssigkeit aufgießen und 5–6 Minuten weitergaren. Mit dem Salz, dem Zucker, der Sojasauce und Pfeffer sehr pikant würzen. Dann Bambusstifte und die Sojabohnen-Keimlinge zusetzen. Noch 2–3 Minuten weitergaren.
Dieses pfannengerührte Gemüse kann man mit Reis oder Nudeln (vorgegart) kombinieren, wobei man jeweils den Reis oder die Nudeln gleich auf dem Herd darunterrührt. Man kann das Gemüse aber auch mit Hühner-, Rind- oder Schweinefleisch mischen. Das Fleisch wird jeweils sehr fein geschnetzelt und vor dem Gemüse in der Pfanne mit wenig Öl und Salz bei starker Hitze kurz gebraten. Dann herausnehmen, warm stellen und das Gemüse nach Rezept zubereiten. Kurz vor dem Servieren mischen.

Rezept- und Sachregister

Farbfotos auf dem Einband:
Vorderseite: Gemüsetopf nach italienischer Art (Rezept Seite 64).
Rückseite: oben, von links nach rechts: Stangenspargel mit Butter (Rezept Seite 16), Ratatouille (Rezept Seite 64), Klare Karottensuppe, Karottencreme mit saurer Sahne und Karotteneintopf (Rezepte Seite 42).
Unten, von links nach rechts: Kohlrabi-Eintopf und Kohlrabipfanne (Rezepte Seite 86), Wirsingrouladen und Wirsinggemüse (Rezepte Seite 70), Überbackener Rotkohl und Rotkohl mit Kastanien (Rezepte Seite 80).

CIP-Kurztitelaufnahme der Deutschen Bibliothek

Teubner, Christian:
Gemüse: d. bes. Bildkochbuch mit reizvollen Rezepten / Christian Teubner. – München: Gräfe und Unzer, 1988.

ISBN 3-7742-5225-4

2. Auflage 1988

Farbfotos: Christian Teubner
Food-Styling: Christine Reuland, Walburga Streif
Redaktion: Antje Schunka-Späth
Birgit Rademacker
Einbandgestaltung: Heinz Kraxenberger
Satz und Druck: Georg Appl
Reproduktion: Brend'amour, Simhart & Co.
Bindung: Conzella Verlagsbuchbinderei: Urban Meister

ISBN 3-7742-5225-4

Christian Teubner
ist seit vielen Jahren vielbeschäftigter gastronomischer Fotograf. In seinem Studio für Lebensmittelfotografie entstehen Meisterwerke kulinarischer Aufnahmen, und aus seiner Probeküche kommen verlockende Kreationen von neuen Rezepten. Christian Teubners Arbeiten sind in ganz Europa ein Begriff, denn wo es um Küche und Keller geht – ob Buch, Plakat, Film oder Zeitschrift – erkennt man seine »Handschrift«.